读懂投资 先知未来

大咖智慧
THE GREAT WISDOM IN TRADING

成长陪跑
THE PERMANENT SUPPORTS FROM US

复合增长
COMPOUND GROWTH IN WEALTH

一站式视频学习训练平台
WWW.DUOSHOU108.COM

技术交易系统新概念

威尔斯·威尔德 著
高海嵘 译

山西出版传媒集团
山西人民出版社

图书在版编目（CIP）数据

技术交易系统新概念 /（美）威尔斯·威尔德著；高海嵘译. -- 太原：山西人民出版社，2018.4
 ISBN 978-7-203-10141-3

Ⅰ. ①技… Ⅱ. ①威… ②高… Ⅲ. ①股票交易－基本知识 Ⅳ. ①F830.91

中国版本图书馆CIP数据核字(2018)第023658号

技术交易系统新概念

著　　者：威尔斯·威尔德
译　　者：高海嵘
责任编辑：孙　琳
复　　审：李　鑫
终　　审：员荣亮

出 版 者：山西出版传媒集团·山西人民出版社
地　　址：太原市建设南路21号
邮　　编：030012
发行营销：0351-4922220　4955996　4956039　4922127（传真）
天猫官网：http://sxrmcbs.tmall.com　电话：0351-4922159
E-mail：sxskcb@163.com　发行部
　　　　　sxskcb@126.com　总编室
网　　址：www.sxskcb.com

经 销 者：山西出版传媒集团·山西人民出版社
承 印 厂：三河市京兰印务有限公司

开　　本：710mm×1000mm　1/16
印　　张：11
字　　数：120千字
印　　数：5101—8100册
版　　次：2018年4月第1版
印　　次：2020年9月第2次印刷
书　　号：ISBN 978-7-203-10141-3
定　　价：48.00元

如有印装质量问题请与本社联系调换

"舵手经典证券图书"开篇序

20世纪末，随着中国证券投资市场的兴起，我们怀揣梦想与激情，开创了"舵手证券图书"品牌，为中国投资者分享最有价值的投资思想与技术。

世界经济风云变幻，资本市场牛熊交替，我们始终秉承"一流作者创一流作品"的方针，与约翰&威立、培生教育、麦格-劳希尔、哈里曼、哈珀&科林斯等世界著名出版机构合作，引进了一批畅销全球的金融投资著作，涵盖了股票、期货、外汇、基金等主要投资领域。

时光荏苒，初心不改，我们将一如既往地与您分享专业而丰富的投资类作品。我们以书会友，与天南海北的读者成为朋友，收获了信任、支持。许许多多投资者成为我们的老师、知己，给予我们真诚的赞许、批评、建议。更有一些资深人士由此成为我们的编辑、翻译、评审，这一切我们感念于心。

我们希望与每位投资者走得更近，我们希望以"舵手投资学院"的方式，给每位读者提供一个反馈和深化学习的家园、一个交流探索的新平台。我们邀请作者进驻我们的投资交流论坛，为读者答疑解惑（www.duoshou108.com）。在这里，您可以与华尔街投资大师亲密接触；在这里，您可以与全国最聪明的投资者交流切磋；在这里，您可以体验全球最新最全的投资技术课程。这里，必将因为有您而精彩！

致 谢

我想对我的助手们表达衷心的感谢,在他们的帮助下才可能完成这本书。

衷心感谢理查德·C·米金斯,他为完善书中的曲线图、计算表和示意图投入了大量时间。

衷心感谢我的"万能帮手"卡萝尔·劳森,随时捧出热咖啡,还把一页页的手稿辛苦整理成完成稿。

本书第六章的图表由商景公司(伊利诺伊州芝加哥市南拉萨尔327号 60604)授权重印。

由猎手出版公司(北卡罗来纳州温斯顿—塞勒姆)在美国印制。

ISBN 0-89459-027-8

美国国会图书馆卡片目录号:78-60759

前　言

本书所提出的概念、方法和系统来自多年对市场的研究和分析，所使用的仅仅是技术性方法，得到的结果是确定的。本书的目标不在于博君一笑，而在于让读者配备用于市场交易的明确概念、工具和指数。

本书并非截选以往作者的成果而成，您在此读到的都是原创内容。我在表述这些资料时，尽力使其无论对交易新手还是对熟悉系统技术的专业老手来说，都能通俗易懂，这实属不易。我发现，初学者要看好几遍才能完全理解内容，而电脑奇才会觉得内容过于简单。但我认为，一般交易人都会认为本书在内容编排上容易掌握。

可编程计算机由于价格低廉，已经成为技术交易人不可或缺的工具。本书中所有的系统和指数都能在市面上大多数可编程计算机上编程运行。可编程计算机的销售商通常都配备编程人员，轻而易举就能让你的计算机按照本书中任何系统运行。

在可编程计算机上使用这些系统也极其简单，只需要输入最新的价格数据，敲一下键盘，不到一秒钟就能看到结果。

绝大多数可编程计算机也能够在磁卡上储存某个程序或数据，这样只要更换磁卡，你就能在几秒钟内切换系统。

本书的系统可用于在惠普掌上可编程计算机、HP－41CV、苹果II（+&E）系列电脑和IMB－PC电脑上编程使用，可向趋势研究公司（北卡罗来纳州格林斯博罗450号邮箱 2740）索取用于这些电脑上的新概念软件包使用手册，电话：（919）698-050。

概念划分

本书分十个不同章节，如此划分的原因在于每一章可以独立于前后章节来研究，但第一章除外。

第一章讲述了适用后面各章的一些基本工具和概念，应首先阅读。例如，若对方向性运动感兴趣，则先读第一章，然后跳过第二章和第三章，直接阅读第四章。

不过，使用任何系统交易前，请一定先阅读第九章和第十章。目录也是按照上述内容划分章节的。

计算表

对于本书中所阐述的每一个指数和系统，都相应开发了一张每日计算表，以便跟踪每天运用这种方法的效果。

除了相对强弱指标这种图形说明方法外，其他所有指数或系统仅看每日计算表就能用，虽然没必要画图，但一些交易人可能需要辅以图形，这样看起来方便些。

在每一章的结尾，都会用每日计算表举例说明指数或系统的运作原理。如果仅看文字无法立即掌握该方法，那么追踪每日计算表的示例，就能洞若观火了。

附录中提供了空白的各种计算表，可以在复印机上复制，供每日运行系统记录之用。

图　表

虽然没必要用图来说明本书中的系统使用方法，但大多数技术交易人都订购了很好的图标服务。

我青睐商景公司的图纸，把每种商品和货币单独印制在33厘米长、25厘米宽的纸上，在最后一个价格条之后为下周最新图表留了大量空间。图表每周一早上提供，内容一直更新到上周五。

第六章的相对强弱指标中有一个商景公司的图标示例。如有意使用此类图表，订阅方式如下：

投资人出版公司
伊利诺伊州芝加哥市南拉萨尔327号　　60604

参数范围（系统中的未定数）

在向大量交易人展示一个确定的技术系统时，所面临的问题之一就是交易人担心其他人也在使用同样的系统，这样就会在完全相同的点造成集中交易，从而不利于成交。通过在一定范围内进行参数选择，这一问题可能会得以缓解。每个交易人都可以在指定范围内自己选择系统所用的参数和常数的数值，而结果并不会有太大的差异。

例如，假设某假定交易系统中的一个参数表明，多头将会离场，出现30%的回调，从新高跌到点P，那么常数就是0.30。换句话说，就是假设点P到多头交易最高点的垂直距离，从最高点减去这段距离的30%，就能确定止损价位。

那么，这种系统的发明者如何认定30%就是最佳值呢？

技术交易系统新概念

如果仅仅使用某种商品或股票的8笔交易来确定常数，会发现只需稍微改变一下距离，就会导致亏损交易，整体交易成果将大打折扣。然而，如果在20种不同的商品上分别做400笔交易，以此来确定常数，就会发现常数无论是29%还是31%，结果都基本相同；如果常数是28.4%或31.6%，结果也相差无几；但如果常数用27%或33%，总体获利就开始小幅下滑；用20%或40%，总体获利就可能会大幅下降。

　　这种假设情况的结果类似于"钟形曲线"。

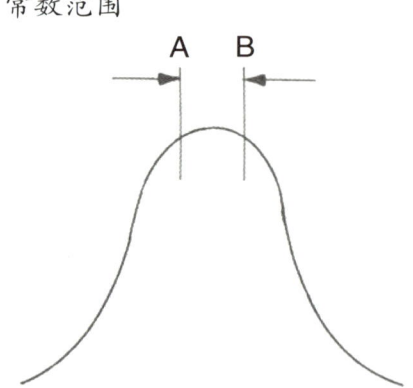

　　点A代表范围下限28%；点B代表范围上限32%。只要交易人选取28%至32%之间的常数，交易结果在长期内是基本相同的。

　　"钟形曲线"可用于表示本书各系统的给定常数范围（如可能）。

目 录

第一章　基本知识 ·· 1
　　　　基本工具 ··· 1
　　　　大多数技术交易方案的遗漏之处 ······· 3

第二章　抛物线式时间/价格系统 ················ 5
　　　　抛物线式时间/价格交易系统规则 ··· 8

第三章　波动 ·· 21
　　　　波动指数 ·· 21
　　　　波动系统 ·· 23
　　　　波动交易系统 ····································· 26

第四章　动向指标 ··· 37
　　　　当日最大运行值超过前日运行幅度 ··· 39
　　　　方向运行——计算表说明 ················· 48
　　　　方向交易系统 ····································· 53

第五章　动量概念 ··· 61
　　　　趋势平衡点交易系统 ······················· 63
　　　　基本步骤 ·· 65
　　　　防御止损点 ·· 68
　　　　目标价位 ·· 69
　　　　定义 ··· 70

	规则························	71
第六章	**相对强弱指数**············	**77**
	动量摆动指标概念············	77
	相对强弱指数···············	80
第七章	**趋势调整系统**············	**89**
	排序技术···················	95
	调整交易系统规则············	96
第八章	**摆动指数**················	**111**
	摆动指数系统···············	123
	定义······················	129
	摆动指数交易系统的规则······	129
第九章	**商品选择指标**············	**139**
第十章	**资金管理**················	**145**
	结论······················	147
附录：用语和缩略语词汇表············		**148**
每种类型日计算表·····················		**150**

第一章
基本知识

基本工具

大多数交易人一眼就能认出，如下条状图代表一天的交易情况。

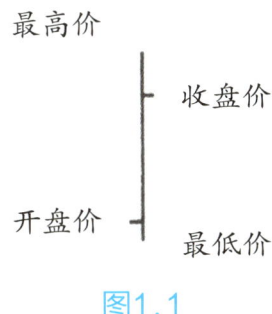

图1.1

条状图的顶端表示股票或商品交易当日的最高价，底端表示股票或商品交易当日的最低价，左侧的小短横表示当日开盘价，右侧小短横表示当日收盘价。

LOP和HIP这两个概念贯穿整本书，LOP是低点的缩写，表示任何时帧的一个条状图，紧邻其前后的两个条状图的最低价皆高于其自身最低价。

图1.2

HIP是高点的缩写,表示紧邻其前后的两个条状图的最高价位都低于其最高价的条状图。

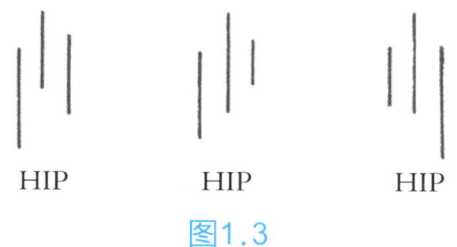

图1.3

另一个常用的标记是重要点,缩写为"SIP",只能分为两类:HI SIP和LO SIP,也就是多头交易的最高价和空头交易的最低价。

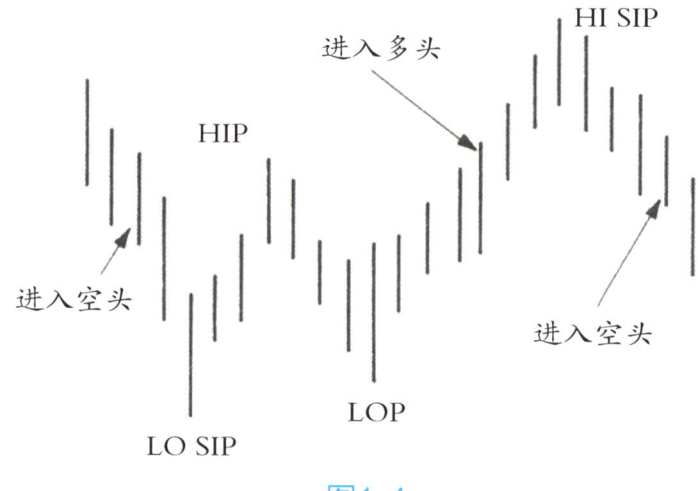

图1.4

SIC是重要收盘价的缩写,表示交易中极其有利的收盘价。对多头交易而言,SIC表示高SIC,也就是交易中的最高收盘价;对于空头交易而言,SIC表示低SIC,也就是交易中的最低收盘价。

SAR表示止损反转点,即多头离场、空头入场的点;或多头入场、空头离场的点。这些基本内容都会在下文中不断碰面。

大多数技术交易方案的遗漏之处

大多数技术交易方案都包括以下两个部分：
（1）技术交易系统；
（2）资金管理技巧。

大多数技术交易系统是趋势跟踪系统。我认为在趋势形成阶段，跟踪趋势的交易方法是获利最丰的方法，但市场变成无方向的整理运动时，趋势跟踪方法无疑会让捉到手的鸟飞了。

反趋势的摆动交易系统会在盘整的无趋势市场中带来利润，但是获利不会太大，因为交易更加频繁，佣金就非同小可了。当市场转变为趋势形成阶段时，反交易系统又变成无利买卖了。

我多年来开发和分析技术交易系统，还没发现哪种系统能够在所有市场中无往而不利。

判断是否形成趋势的解决之道就是设计一个评级表，对交易人有意交易的商品加以衡量，来决定其处于趋势形成阶段还是无趋势阶段，第四章"方向运行指数"解释了这个概念。

还有其他问题要考虑。大多数的可获利趋势市场通常是具波动性的趋势市场，即运行非常快的市场，第三章"波动指标"中有述。

最低保证金要求和手续费也是要考虑的因素。

这四种因素经过适当加权、综合而成第九章所述的"商品选择指标CSI"，CSI得分最高的商品具有下述特点：
（1）方向运行性很强；
（2）波动性很大；
（3）相对于波动和方向运行而言，保证金比较合理；
（4）佣金合理。

大多数技术交易计划均未考虑到如何评估和确定在何时交易何种商品，本书给出的答案就是商品选择指标。

在介绍方向运行、波动和动量等高深概念前，我先介绍一种相对简单的交易系统，在活跃市场也能带来可观利润。这是我本人很喜欢的一个交易系统，能够从中期（持续两三周时间）运动中博得更多利润，比我所知的其他方法获利都多，我将其称之为抛物线式时间/价格系统。

第二章
抛物线式时间/价格系统

抛物线式时间/价格交易系统的名称来源于止损点形成的图形，类似于抛物线，你还可以称其为曲线板。如果交易开始后止损点随之变动得越来越快，那么这种系统允许市场在最初几天进行调整。止损点不仅有价格功能，同时也有时间功能。止损点从来不会走回头路，每天只能在交易开始时的方向上增加。

例如，如果你看多，那么无论价格的运动方向如何，止损点每天只会向上运行，这就是止损点的时间功能。止损点的价格作用表现在止损点上移的距离与价格在有利方向上运行的距离有关，同时，由于止损点上移的距离与价格已经上涨的距离相关，说白了，就是交易以来实现的最有利价格。这种时间/价格概念非常有趣，实际上，正因为如此，交易人有足够多的时间等待价格向有利（头寸）的方向发展。如果价格运动最后并未发生真正的有利运动，或发生反方向运行，那止损点的作用就会反转，重新开始一轮新的交易。图2.1举例说明了这个概念。

图2.1中，价格每天等幅上涨。另外，请注意每个止损点形成的轨迹。最初，止损点逐渐加速上升，随后快速上升。到第十天，止损点上升不再加速，仅起到价格作用。

我们先从计算图中的止损点来了解这个系统。假设在第4日开始进入多头交易，那么，交易第一天（也就是第4日）的止损点就是SIP（依前述定义，SIP为前一个交易过程中价格所达到的极值）。假设前次交易为空头交易，在第4日反转为多头交易。那么，进入多头交易当日之止损点就是50.00。

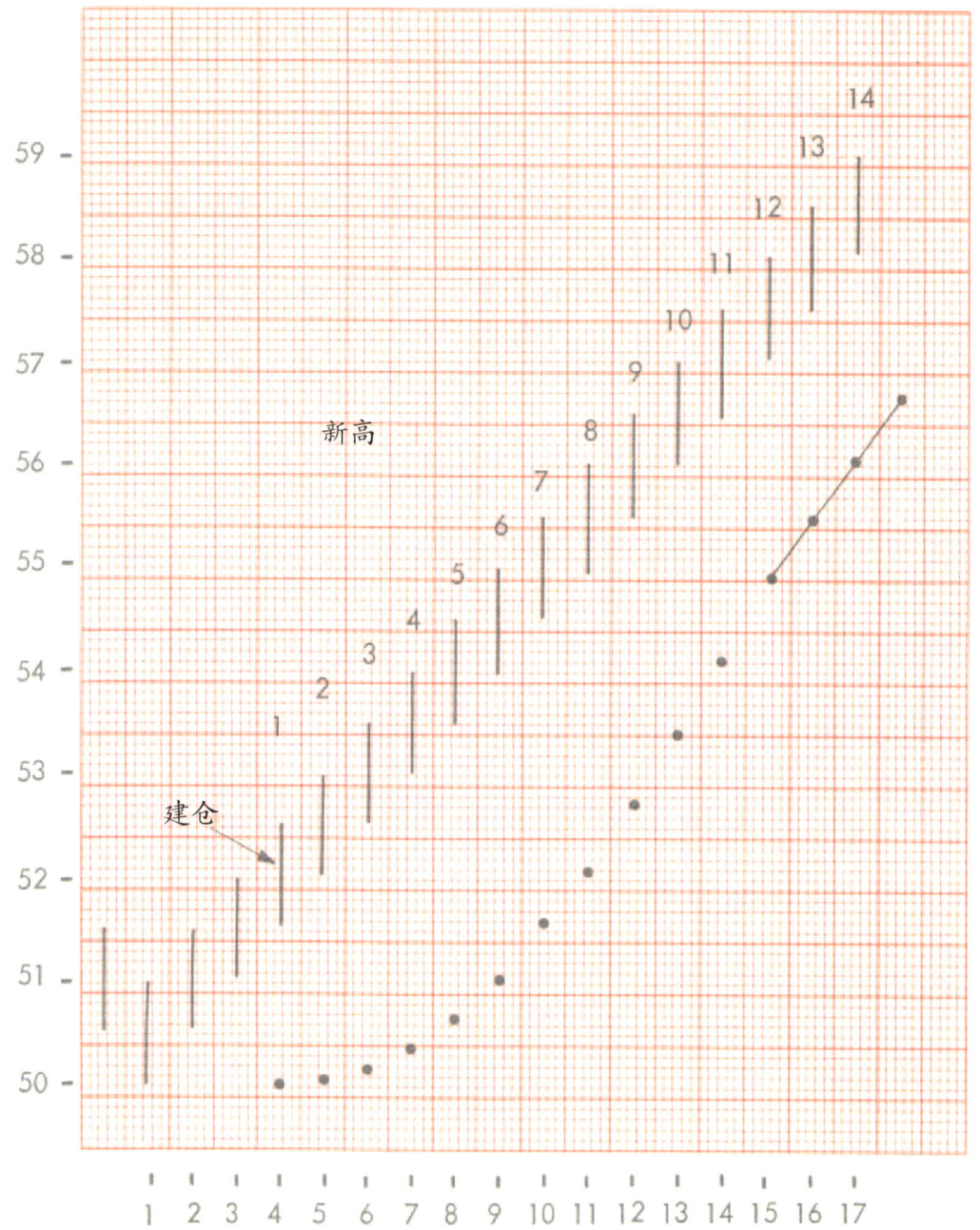

图2.1

技术交易系统新概念

这种系统实际上是反转交易系统，即，每个止损点又是反转点。因此，每个止损点又是止损反转点（SAR，即Stop and Reverse），表示停止现有交易并反方向建仓。在第一个交易日，SAR就是SIP，现在来计算第5日的SAR。

用第4日达到的最高价减去第4日的SAR，两点之间的距离再乘以加速因子（AF）0.02，然后再加上第4日的SAR，其和就是第5日的SAR。计算公式如下：

$SAR_5 = SAR_4 + AF(H_4 - SAR_4)$

将实际数值代入上式：

$SAR_5 = 50.00 + 0.02 \times (52.50 - 50.00)$

$SAR_5 = 50.00 + 0.02 \times 2.50$

$SAR_5 = 50.00 + 0.05$

$SAR_5 = 50.05$

第5日的SAR就是50.05。加速因数AF是一个累进值，范围在0.02到0.2之间。交易每创一次新高，AF就增加0.02。在本例中，交易每天创新高，因此，AF每天都增加0.02。第6日的SAR值计算如下：

$SAR_6 = SAR_5 + AF(H_5 - SAR_5)$

带入数值为：

$SAR_6 = 50.05 + 0.04 \times (53.00 - 50.05)$

$SAR_6 = 50.05 + 0.04 \times 2.95$

$SAR_6 = 50.05 + 0.12$

$SAR_6 = 50.17$

基本计算公式如下：

$SAR_{T+1} = SAR_T + AF(EP - SAR_T)$

这里，AF从0.02开始，每创一次新值（对于多头而言为新高、对于空头而言为新低）增加0.02，直至达到0.2。EP（Extreme Price）为交易目前为止的极值（在多头交易中，EP就是交易开始后达到过的最高价；在空头交易中，EP就是交易开始后达到过的最低价。）T表示交易当日。

图2.1中第7日至第12日各SAR值计算如下：
$SAR_7 = 50.17 + 0.06 \times (53.5 - 50.17) = 50.37$
$SAR_8 = 50.37 + 0.08 \times (54.00 - 50.37) = 50.66$
$SAR_9 = 50.66 + 0.10 \times (54.5 - 50.66) = 51.04$
$SAR_{10} = 51.04 + 0.12 \times (55.00 - 51.04) = 51.52$
$SAR_{11} = 51.52 + 0.14 \times (55.5 - 51.52) = 52.08$
$SAR_{12} = 52.08 + 0.16 \times (56.00 - 52.08) = 52.71$

以上就是这套交易系统的基本概念，接着让我们来看看这套交易系统的应用规则。

抛物线式时间/价格交易系统规则

入市
价格突破SAR时建仓。

止损反转点SAR
建仓首日，SAR是前一次交易中的SIP

如果是多头，SIP就是前一次空头交易中达到的最低价位。

如果是空头，SIP就是前一次多头交易中达到的最高价位。

从第二天开始，以后每日的SAR值计算方法如下：

多头交易：

算出建仓后所达到的最高价与当日SAR之差，将该差值乘以AF，再加上当日SAR，就是次日的SAR值。

AF的初始值为0.02，然后每创一次新高，AF就增加0.02，如果未创新高，那么就继续使用前一个AF值。AF值最大不超过0.2。

空头交易：

计算出建仓后的最低价与当日SAR之差，将该差值乘以

AF，所得数减去当日SAR值，就得出次日SAR值。

AF的初始值为0.02，然后每创一次新低，AF就增加0.02；如果未创新低值，那么就继续使用前一个AF值。AF值最大不超过0.2。

SAR不能处于前个交易日或当日的价格区域。

多头交易中，次日的SAR值不能高于前日或当日的最低价。如果SAR值的计算结果大于前日或当日的最低价，那么就选当日最低价与前日最低价中的较低值作为新的SAR，用这一SAR值进行次日的计算。

空头交易中，次日的SAR值不能低于前日或当日的最高价。如果SAR值的计算结果小于前日或当日的最高价，则选择当日与前日的最高价中的较高值作为新的SAR，用这一SAR值进行次日的计算。

现在，让我们看看图2.2计算表中的假设例子。在这个例子中，假设在第4个交易日将之前的空头交易反转为多头交易。在入场的第一天，不用计算就能直接设置SAR，因为已经知道之前空头交易的最低价50.00，也就是最低SIP。下面来计算次日的SAR。

计算表格为了简化，只记录了每日高点和低点。在实际运用本系统时，每日开盘价和收盘价也要记录。

在第4个交易日，我们在表中填入高点52.35、低点51.50。在第一列中，我们填入当天的SAR。第一天的SAR都是前一次交易的SIP，所以我们在第一列SAR处，填入50.00。

交易第一天的EP是当天的高点52.35，所以我们在第二列EP处填入52.35。然后我们计算50.00和52.35的差（即第一列和第二列的差），将数值2.35填入第三列。

加速因数的第一个值总是0.02，我们将其填入第四列。现在用0.02乘以之前的差值2.35（即第三列），得出0.05，写进第五列中。

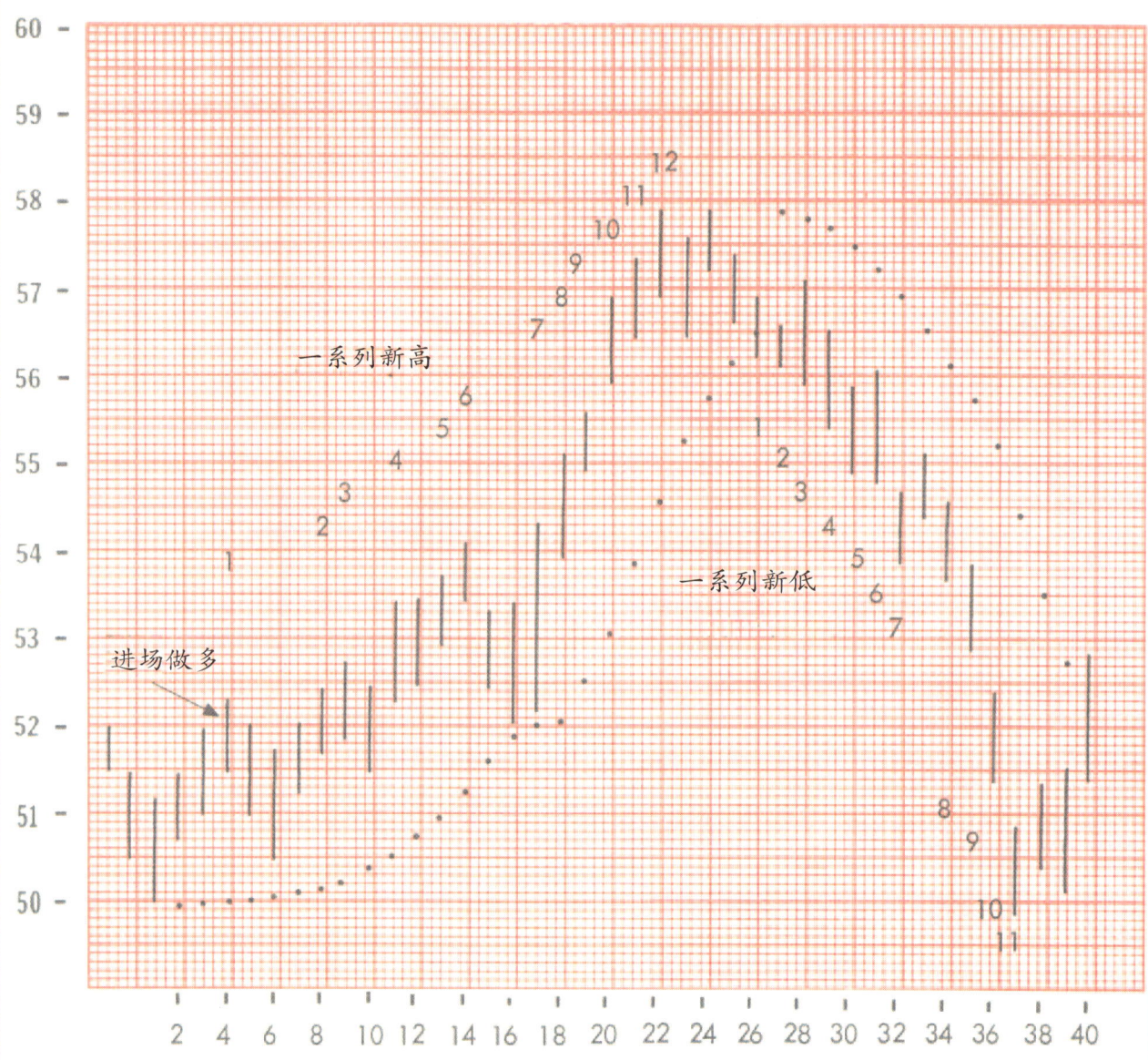

图2.2

日计算表

抛物线式时间/价格系统

日期	开盘价	最高价	最低价	收盘价	(1) SAR	(2) EP	(3) EP±SAR	(4) AF	(5) AF×差异数
4		52.35	51.50		50.00	52.35	2.35	.02	.05
5		52.10	51.00		50.05	52.35	2.30	.02	.05
6		51.80	50.50		50.10	52.35	2.25	.02	.05
					50.15				
7		52.10	51.25			52.35	2.20	.02	.04
8		(52.50)	51.70		50.19	52.50	2.31	.04	.09
9		(52.80)	51.85		50.28	52.80	2.52	.06	.15
					50.43				
10		52.50	51.50			52.80	2.37	.06	.14
11		(53.50)	52.30		50.57	53.50	2.93	.08	.23
12		53.50	52.50		50.80	53.50	2.70	.08	.22
13		(53.80)	53.00		51.02	53.80	2.78	.10	.28
14		(54.20)	53.50		51.30	54.20	2.90	.12	.35
15		53.40	52.50		51.67	54.20	2.55	.12	.31
16		53.50	52.10		51.96	54.20	2.24	.12	.27
17		(54.40)	53.00		52.10	54.40	2.30	.14	.32
18		(55.20)	54.00		52.10	55.20	3.10	.16	.50
19		(55.70)	55.00		52.60	55.70	3.10	.18	.56
20		(57.00)	56.00		53.16	57.00	3.84	.20	.77
21		(57.50)	56.50		53.93	57.50	3.57	.20	.71
22		(58.00)	57.00		54.64	58.00	3.36	.20	.67
23		57.70	56.50		55.31	58.00	2.69	.20	.54
24		58.00	57.30		55.85	58.00	2.15	.20	.43
25		57.50	56.70		56.28	58.00	1.72	.20	.34
					56.62				
26		57.00	(56.30)		58.00	56.30	1.70	.02	.03
27		56.70	(56.20)		57.97	56.20	1.77	.04	.07
28		57.50	(56.00)		57.90	56.00	1.90	.06	.11
29		56.70	(55.50)		57.79	55.50	2.29	.08	.18
30		56.00	(55.00)		57.61	55.00	2.61	.10	.26
31		56.20	(54.90)		57.35	54.90	2.45	.12	.29
32		54.80	(54.00)		57.06	54.00	3.06	.14	.43
33		55.60	54.50		56.63	54.00	2.63	.14	.37
34		54.70	(53.80)		56.26	53.80	2.46	.16	.39
35		54.00	(53.00)		55.87	53.00	2.87	.18	.52
36		52.50	(51.50)		55.35	51.50	3.85	.20	.77
37		51.00	(50.00)		54.58	50.00	4.58	.20	.92
38		51.50	50.50		53.66	50.00	3.66	.20	.73
39		51.70	50.20		52.93	50.00	2.93	.20	.59
		53.00	51.50		52.34				

商品 _____   合约月份 _____

入场价	离场价	盈亏	操作和指令
多头52.20			
空头56.62	56.62	+4.42	
多头52.35	52.35	+4.27	

技术交易系统新概念

现在可以计算下一个交易日的SAR了。将第五列与第一列的数值相加得到50.05，将这个数字填入下一个交易日的第一列，这就是第5个交易日的SAR。下面看看第5个交易日的情况。

高点是52.10，低点是51.00，交易未创出新高，所以我们仍旧使用之前的AF，即0.02，注意，我们总是在第二列中填入EP，目前为止EP是52.35。我们计算第一列和第二列的差，把2.30填入第三列，再将第三列和第四列相乘得到0.05，然后与当日SAR（50.05）相加，得到50.10，也就是第二天即第6个交易日的SAR。

现在我们跳到第8个交易日，这天创出新高52.50，因此，要在这一天将之前的加速因子AF增加0.02，得到新的AF值0.04，填入第四列。用最高价格52.50即EP进行交易，减去当天的SAR值50.19，用两数之差2.31乘以AF值0.04得到0.09，将这个值加上50.19，得到第二天的SAR值50.28。

跳到第16个交易日来计算第17个交易日的SAR。16日的高点是53.50，低点是52.10。取EP值54.20和SAR值之差2.24，乘以AF值0.12得到0.27，在加上SAR值51.96就是52.23，但16日的低点是52.10，既然次日的SAR不能处于前日和今日的价格范围，那么必须用今日低价52.10作为SAR填入第一列，用以进行次日的计算。

到第17个交易日，SAR还是52.10，原因就在于SAR不得高于当日或前日价格范围。

每次有新高，AF值就增加0.02，直到AF达到最高值0.20为止。随后无论有多少次新高，增速因数都不能增长超过0.20。注意在第20个交易日，AF值达到0.20，所以一直在交易中保持不变。

下面来看看操作反转为空头交易时的情况。第26日突破SAR，交易在56.62反转为空头交易。我们知道在交易反转当日，SAR就是前一个高点SIP，即多头交易的最高价。

26日的高点是57.00，低点是56.30。在表中第一列填入SIP值58.00，现在是空头交易，就要找到最低价（EP）。首日的EP就是当日的低价，因此在第二列中填入56.30；依旧计算第一列和第二列的差额，在第三列填入差额1.70。AF也从0.02重新开始计算，1.70乘以0.02得出0.03，然后用当日SAR值58.00减去0.03得出57.97，这就是明天的SAR了。

第27日出现新低56.20，第二列的EP与前一天SAR值57.97的差为1.77，这就是交易的第二个新低，AF随之增至0.04，与差额1.77相乘得出0.07，当日SAR值减去0.07就算出了第二天的SAR值57.90。再强调一下，AF值不得超过0.20。

最后需要考虑的是在系统的何处开始交易。既然每笔交易的入场点就是前一笔交易的反转点，那么第一笔交易从何处开始呢？

如果整个市场是处于上涨趋势，那么就在图表上找到前几周的最高SIP，然后在这个点之后三四天内的最大下跌日开始模拟进入空头交易。在图表上进行模拟交易，直至发生反转，并在反转点实际操作，进入多头交易，这基本上就是大盘趋势的走向。

如果整个市场是处于下跌趋势，那么就在图表上找出几周前的最低SIP，根据上述步骤进行模拟多头交易，并在出现空头交易时根据趋势方向进入市场操作。

这种交易系统的另一种操作方法是按照第四章中介绍的"方向运行指数"进行操作。如果方向运行是上升，就进行多头交易；如果是下降，则进行空头交易。

这种系统的基本内容就是这样，SAR容易计算且不难跟踪。注意，AF值始终是创新高次数（空头就是创新低次数）乘以0.02。如第六次创新高时，加速因数AF值为0.12，第八

技术交易系统新概念

次创新高时AF值为0.16，以此类推。

这种交易系统虽然简单，但能在活跃的市场中大显神通，获益颇丰。技术分析家们想方设法试图设计一种移动平均系统，既允许价格运动之初发生充分回调，还能随着价格运动接近冲刺阶段加速调整，这一系统恰如其意。在交易刚开始时，取前面的SIP作为初始止损点，交易系统就能躲过价格确定运行方向之前的拉锯战。

认真分析以下两个图表，就能深切体会出这套交易系统是如何应对波动市场的，特别要注意所有SAR点形成的轨迹。

1977年12月/1978年7月芝加哥小麦				（抛物线式系统）	
交易号（1977年12月）	日期	头寸	价格	盈亏	合计
1	1977.4.12	多头	296.75		
2	1977.4.21	空头	291.75	−5.00	
3	1977.5.24	多头	268.00	+23.75	+18.75
4	1977.5.28	空头	262.25	−5.75	+13.00
5	1977.6.20	多头	259.50	+2.75	+15.75
6	1977.7.3	空头	255.00	−4.5	+11.25
7	1077.8.24	多头	229.25	+25.75	+57.00
8	1977.10.7	离场	255.00	+25.75	62.75
（1978年7月）					
9	1977.10.7	空头	276.00		
10	1977.10.24	多头	272.00	+4.00	+66.75
11	1977.11.21	空头	290.75	+18.5	+85.50
12	1977.12.20	多头	277.50	+13.25	+98.75
13	1978.1.4	空头	284.25	+6.75	+105.50
14	1978.2.21	多头	274.50	+9.75	+115.25
15	1978.2.21	空头	270.50	−4.00	+111.25
16	1978.3.5	多头	270.50	0.00	+111.25
17	1978.3.29	离场	296.75	+26.25	+137.25

技术交易系统新概念

1976年2月猪腩				（抛物线式系统）	
交易号	日期	头寸	价格	盈亏	合计
1	1975.7.11	看多	75.90		
2	1975.7.31	看空	81.22	+5.32	
3	1975.8.8	看多	84.60	−3.38	+1.94
4	1975.9.25	看空	96.37	+11.77	+13.71
5	1975.10.3	看多	100.80	−4.43	+9.28
6	1975.10.9	看空	98.50	−2.30	+6.98
7	1975.11.6	看多	85.00	+13.50	+20.48
8	1975.11.24	看空	84.90	−0.10	+20.38
9	1975.12.22	看多	72.02	+12.88	+33.26
10	1976.1.12	看空	71.40	−0.62	+32.64
	1976.1.26	收盘★	68.90	+2.50	+35.14

★未完成交易资产
注意：一笔交易中相对于时间而言，止损如何逼近当前价位。

  我在这种系统上尝试过很多不同的加速因数，发现固定增加0.02的运行效果整体最好的。如果你希望使这套交易系统更具自己的个性，就使用与众不同的止损点，加速因数的增幅限定在0.018至0.021之间，只要在这个范围内，效果都不错。无论增长多少次，最终至少要达到0.20，但不能超过0.22。

  这种交易系统主要应用在运动方向明确的市场中，市场方向根据方向指标或商品选择指标判断，这会在本书其他章节论述。

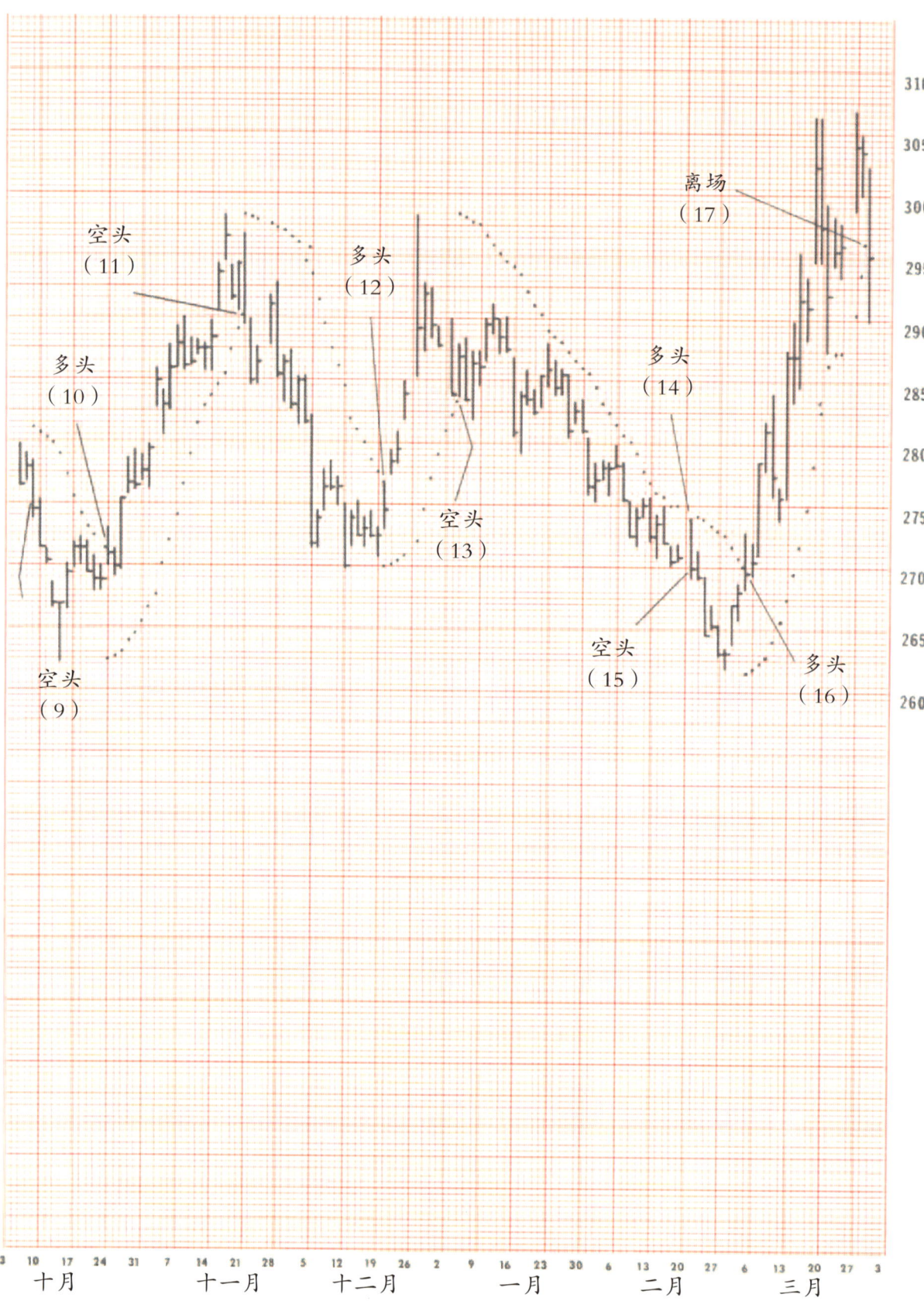

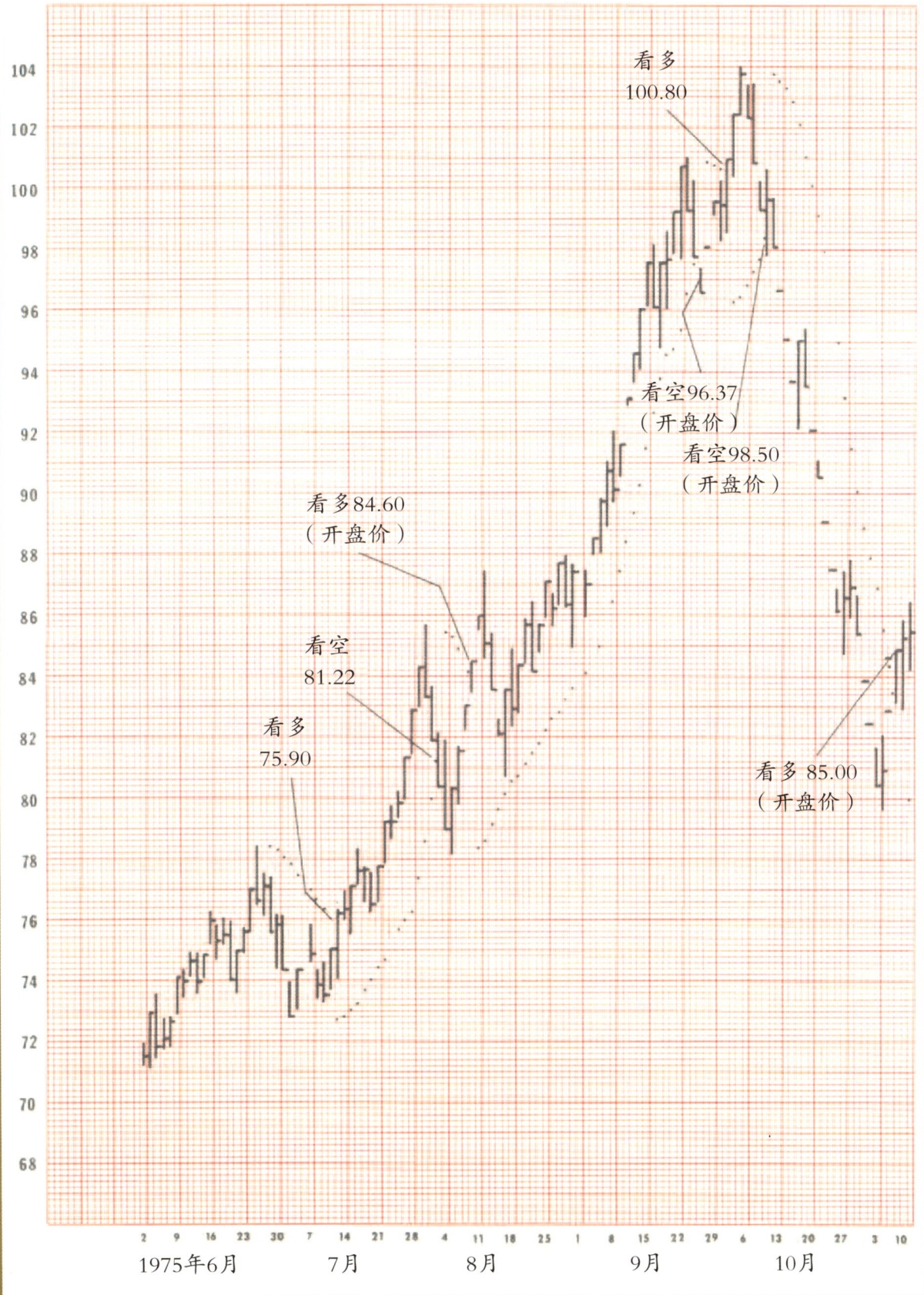

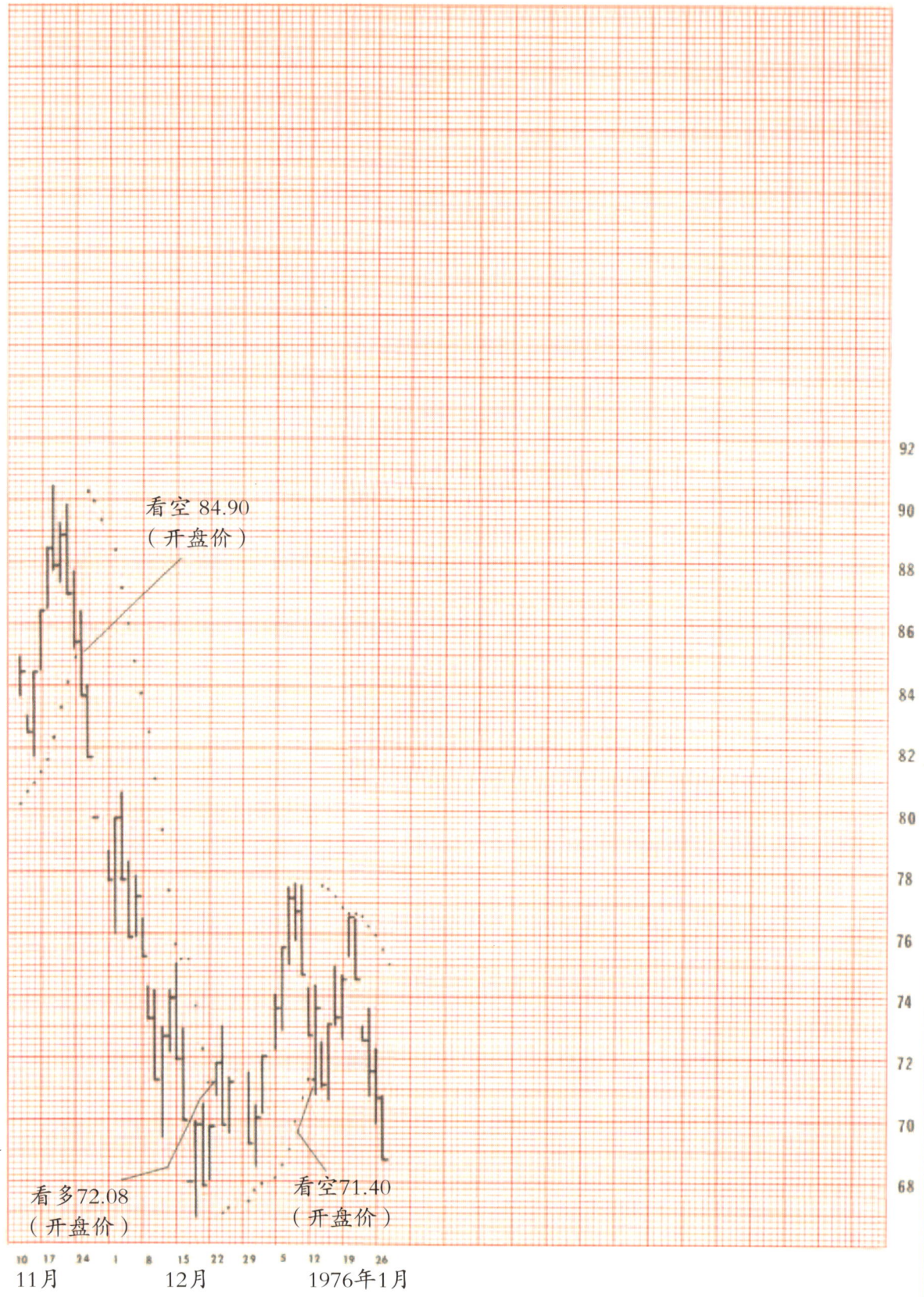

第三章
波动

波动指数

什么是波动性？大多数交易者认为波动性就是市场活动。如果市场很活跃，就呈现出波动性；反之，如果市场不活跃，就不具有波动性。从图上就能一眼看出市场波动的大小，但交易人怎样应付波动性呢？波动性又是如何定义的呢？

与波动性成正比的因素是波动范围，波动范围可定义为单位时间内价格运行的距离。

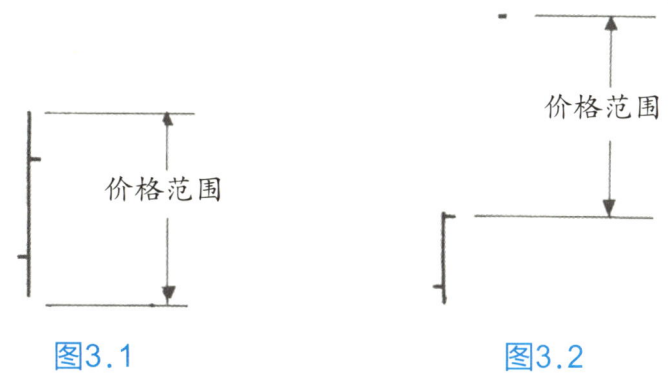

图3.1　　　　　　　　图3.2

在图3.1所示的时间条中，价格范围显然就是条图的最高点到最低点的距离。

但假设图3.2中的时间图中，价格幅度呈一字状态，要么是涨停，要么是跌停，该日的所有交易（如有）以一个价格成交，那么在涨（跌）停日内运行幅度就是零吗？显然不是，如果价格在限定时间内达到可能的最大幅度，其价值当然不是零。这时，价格的实际幅度就是前一收盘价至涨

（跌）停板的差额。这个价差就是图3.2时间段内能实现的最大价值，这样理解就合理了。因此，对波动性真正范围的描述应该是在运行时间内实现的最大幅度——无论是一天内的最大幅度还是前日收盘价到当日最大值的差额。这样说来，实际范围就是如下三种情况中的最大值：

（1）当日最高价到当日最低价的距离；
（2）从昨日收盘价到今日最高价的距离；
（3）从昨日收盘价到今日最低价的距离。

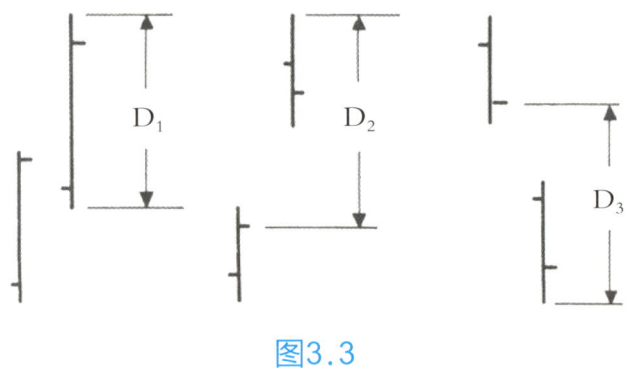

图3.3

要真正把幅度作为衡量波动性的有用工具，就要考虑不止一天的价格范围，正确做法就是考察数日内每天真实幅度的平均值。波动性指标变化得或快或慢，完全取决于得出平均每日价格范围的交易日数，那么，一般取几天的真实价格范围求其平均值比较合适呢？我经过大量测试，发现14天计算出的值是用于计算波动指数的最佳波动参数。

波动指数（VI）与方向指标共同计算出商品选择指数。

波动指数计算公式如下：

$VI_T = (13 \times VI_P + TR_1)/14$

其中，TR_1是当日的真实价格范围。T表示当日，P表示之前日。

这一公式中的分子14同样用于方向指标的公式中，公式中的常数是可以改变的，这在下面的波动交易系统中有介绍。

在波动系统中，使用七个交易日（而不是十四个交易日）的真实价格范围平均值，因为这个系统需要的真实运行平均范围要比波动指标变化快。公式的计算步骤是一样的，不用考虑计算平均值的天数，我们会在下一章详细说明七日公式的计算步骤。

波动系统

波动系统是一种趋势跟踪系统，也是一种真正的反转系统，就是说，每个止损点都会发生交易反转，该系统操作非常简单。

在讨论波动系统的原理之前，必须先学会计算系统的基本衡量单位：真实平均价格幅度（ATR）。ATR根据七天的真实幅度计算，我们在前一章已经知道如何计算一个交易日的真实幅度（TR_1），现在讨论如何计算ATR值。

真实平均幅度ATR的计算公式如下：

$$ATR_L = (6 \times ATR_P + TR_1) \div 7$$

这里，ATR_L为最新真实平均价格幅度，ATR_P为之前的真实平均价格幅度，TR_1为当日真实价格幅度。

计算初始ATR值的计算方法为，过去七个交易日的真实价格幅度之和除以7，就是公式里的ATR_P，再套用公式就简单了。表3.4举例说明了每日计算ATR值的过程。

表3.4						
日期	开盘价	最高价	最低价	收盘价	幅度	ATR
1/1	50.00	51.20	49.80	50.90		高至低
1/2	50.70	51.80	50.30	51.50	10.00	高至低
1/3	51.70	52.90	51.70	52.80	7=1.43	收盘到高
1/4	52.50	53.70	52.30	53.50		高至低
1/5	53.60	54.80	53.50	54.70		高至低
1/6	54.40	54.40	52.90	53.00	1.43	收盘到低
1/7	52.90	53.20	52.00	52.00		高至低
1/8	52.00	52.70	52.00	52.20	0.70	高至低

第一步，将前七个交易日的真实价格幅度求和，得到10.00。

10.00÷7＝1.43，即ATR值在7天内的平均值。

然后套用ATR计算公式：

$ATR_L = (6 \times ATR_P + TR_1) \div 7$

得出的结果是第8日的ATR值1.41，这又是下一个ATR_P值，继续计算就是

$ATR_L = (6 \times 1.43 + 0.7)/7 = (8.58 + 0.7)/7 = 1.33$

现在回顾一下如何计算每日的ATR值。第一步，计算出前七个交易日的平均真实价格幅度，这就是第七个交易日的ATR值。第8天及以后交易日的ATR值，只需将前一个ATR值乘以6，加上当日的真实价格幅度，再除以7即可算出。用这种方式计算出ATR值仅需要跟踪前次的数据。

现在已经知道如何计算ATR值，再加上一个步骤就能在波动系统中使用ATR值了，即ATR值乘以一个常数（C）。

我认为常数为3.0的效果最好，也可以确定在2.8至3.1范围之内。如果想自己设定波动交易系统（前言中有述），这个范围内的常数均可以发挥优秀表现。常数3乘以ATR就是ARC。注意，ARC与ATR成正比，也就是与波动性成正比。当波动性增强时，ARC增大；当波动性减弱时，ARC值减小。

表3.4列出了开盘价、最高价、最低价和收盘价，但是开盘价未用于任何计算，不过跟踪系统时，如果开盘跳空，就会用到开盘价。

现在来认识一下波动交易系统：交易在SIC（交易中出现的最有利收盘价）向上（或向下）一个ARC距离的位置离场并反转。

图3.5中，价格上涨，几乎每天都创出新高。我们记录了某笔合约前七天的最高价、最低价和收盘价，并借此计算第七日的ARC值，然后取七日中的最高收盘价作为SIC，减

去当日的ARC值，就得到第八个交易日的SAR点（止损反转点）。到第九个交易日价格回调，收盘价位低于SAR，就要反转进行空头交易。将ARC加上收盘价位（此价位是交易以来的最低收盘价），就是第十个交易日空头交易的SAR。

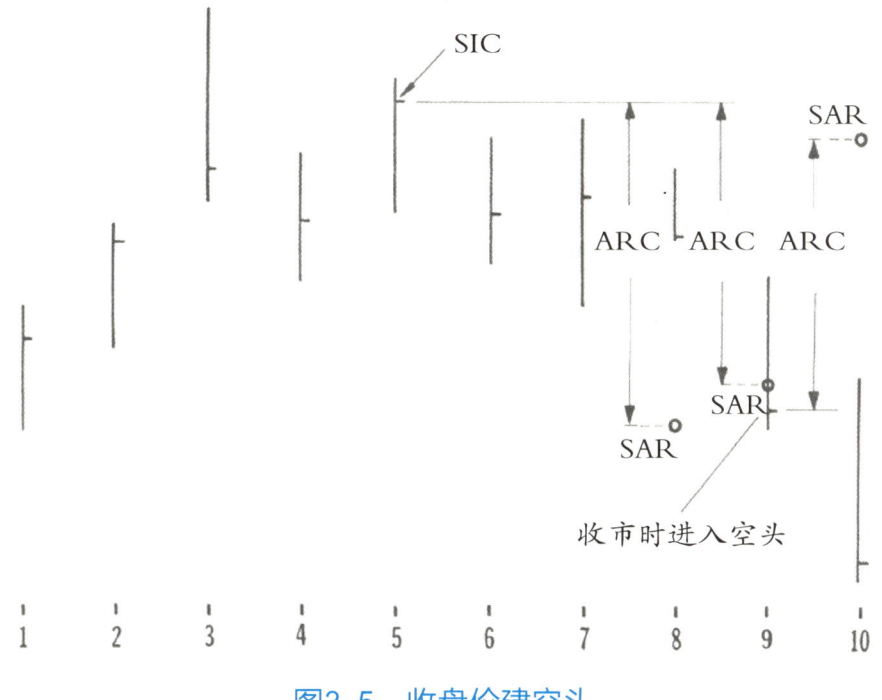

图3.5　收盘价建空头

现在假设空头交易顺利，一直向着有利的方向发展，价格持续下跌。这种情况下，连续使用最低收盘价加上ARC得出的值作为SAR，直至收盘价首次高于SAR，就停止空头交易、进入多头交易。

假设价格波动性越来越大，而我们并没有止损退场，那么ARC值可能一天比一天大，从而促使止损点与股价愈来愈远，这种情况尚可接受。当波动性增强时，交易系统自动修补，止损反转点愈加远离最有利的收盘价位。波动交易系统可取之处正在于此，与交易达到的最高（或最低）收盘价以及波动性都息息相关。如果价格波动极大，SAR随着增大的波动性而距离变大得以调整，并且同时起到最高（低）收盘价的作用。相反，当市场趋于平静，波动性变弱，止损点也就逐渐趋近交易价格。

如果价格在两三周内继续向有利于空头交易的方向发展，直至某天收盘价位于SAR价位之上，那么下一个交易日就开始多头交易，其SAR位置就是从最有利的收盘价位（此处就是发生反转的收盘价位）减去ARC值的点。

即使每天用这种系统交易，也不一定需要画图。需要的所有信息都在计算表里，另外，用重要收盘价作为参考也很有帮助。

以上所述就是整个波动交易系统的全部内容，千万不能因为系统简单而等闲视之，其核心——止损反转点SAR与最高（低）收盘价位和波动性有关，价格运动减速或加速时，系统可以自动作出调整。真实平均幅度的乘数——常数C在交易方向不变的情况下，能够确定是否继续交易。常数允许系统发生回落或反弹，但当价格的运行足以表明大盘方向发生改变，那么常数也能衡量出要反转交易。如果趋势还要回到原来的方向上，交易在ARC和SAR价位自动反转，然后回到原趋势运动上。

以下是波动交易系统规则的简单总结：计算表中举出了范例，也画出了相应的图。根据计算表和图，能够很快完全理解这种系统。

波动交易系统

定义

1. 真实价格幅度是以下三者中的最大值：

（1）当日最高价到当日最低价的距离。

（2）当日最高价到前一日收盘价的距离。

（3）当日最低价到前一日收盘价的距离。

2. ATR——真实平均价格幅度

（1）首次计算时，要求出七个交易日的真实价格幅度的平均值，这就是第一个ATR。

（2）最新的ATR值计算方法为，将前一个ATR值乘以6，再加上当日真实价格幅度，总数除以7，所得数即是。

3. C——常散，2.80到3.10之间的任意值

4. ARC——ATR值与常数C的乘积

5. SIC——重要收盘价位，也就是交易（持仓）开始后最有利的收盘价位

6. SAR——止损反转点，SIC的价位加上（或减去）ARC值即可

规则

1. 当价格收盘方向与SAR方向相反，就在收盘价处建仓

2. 止损反转点（SAR）

（1）从多头到空头：如果收盘价低于交易以来的最高价减去ARC后的价位，即收盘价低于SAR，就在收盘价将多头交易转为空头交易。

（2）从空头到多头：如果收盘价高于交易以来的最低价加上ARC后的价位，即收盘价高于SAR，就在收盘价将空头交易转为多头交易。

日计算表
波动交易系统

商品：_____   合约月份：_____

日期	开盘价	最高价	最低价	收盘价	RT1	ATR	ARC	SAR	操作和订单
1	52.80	53.00	52.50	52.70	.50				
2	52.60	52.75	52.25	52.55	.50				
3	52.00	52.35	51.85	(52.30)	.70	4.05÷7 = .58			
4	52.20	52.45	52.15	52.40	.30				
5	52.10	52.35	51.75	51.90	.65				
6	51.90	52.10	51.50	51.65	.60				
7	51.50	51.80	51.00	(51.10)	.80	.58	1.74		
8	51.15	51.60	51.25	51.55	.50	.57	1.71	52.84	
9	51.50	51.70	51.40	51.65	.30	.53	1.59	52.81	
10	51.60	51.60	51.10	51.15	.55	.53	1.59	52.69	
11	51.00	51.40	50.75	(50.75)	.65	.55	1.65	52.69	
12	51.35	51.75	51.35	51.65	1.00	.61	1.83	52.40	
13	51.70	51.90	51.40	51.80	.50	.59	1.77	52.58	
14	51.60	51.70	51.15	51.55	.65	.60	1.80	52.52	
15	51.55	51.80	51.50	51.80	.30	.56	1.68	52.55	
16	51.90	52.50	51.80	52.50	.70	.58	1.74	52.43	多头52.50
17	52.40	52.70	52.10	(52.70)	.60	.58	1.74	50.76	
18	52.20	52.45	52.00	52.10	.70	.60	1.80	50.96	
19	52.00	52.65	51.50	52.65	1.15	.68	2.04	50.90	
20	52.50	52.95	52.40	52.90	.55	.66	1.98	50.66	
21	53.10	53.60	53.05	53.55	.70	.67	2.01	50.92	
22	53.95	54.50	53.80	54.50	.95	.71	2.13	51.54	
23	55.20	55.70	55.00	56.55	1.20	.78	2.34	52.39	
24	57.55	57.55	57.55	57.55	2.00	.95	2.85	53.21	
25	57.90	58.55	57.90	(58.55)	1.00	.96	2.88	54.70	
26	57.75	57.75	57.30	57.65	1.25	1.00	3.00	55.67	
27	57.50	58.05	57.15	57.95	.90	.99	2.97	55.53	
28	57.80	57.90	57.45	57.80	.50	.92	2.76	55.58	
29	58.00	58.30	57.85	58.20	.50	.86	2.85	55.79	
30	58.45	58.65	57.75	58.65	.90	.87	2.61	55.97	
31	57.80	57.80	57.00	57.30	1.65	.98	2.94	56.04	
32	57.00	57.15	56.25	56.60	1.05	.99	2.97	55.71	
33	56.30	56.35	55.35	56.30	1.25	1.03	3.09	55.68	
34	56.20	56.60	56.05	56.60	.55	.96	2.88	55.56	
35	56.50	57.25	56.40	57.25	.85	.94	2.82	55.77	
36	57.25	57.50	57.00	57.00	.50	.88	2.64	55.83	
37	57.50	57.50	57.25	57.25	.25	.79	2.37	56.01	
38	57.00	57.15	56.50	56.60	.75	.78	2.34	56.28	
39	56.50	56.60	56.25	56.45	.35	.72	2.16	56.31	
40	56.50	56.90	56.45	56.90	.45	.68	2.04	56.49	
41	57.00	57.25	56.75	57.10	.50	.65	1.95	56.61	
42	57.40	57.60	57.00	57.40	.60	.64	1.92	56.70	
43	57.20	57.25	56.90	57.05	.50	.62	1.86	56.73	
44	57.25	58.00	57.25	57.90	.95	.67	2.01	56.79	
45	58.00	58.50	57.00	57.00	1.50	.79	2.37	56.64	
46	56.50	56.50	55.50	56.05	1.50	.89	2.67	56.22	空头56.06
47	56.00	56.35	55.75	55.85	.60	.85	2.55	58.72	
								58.40	

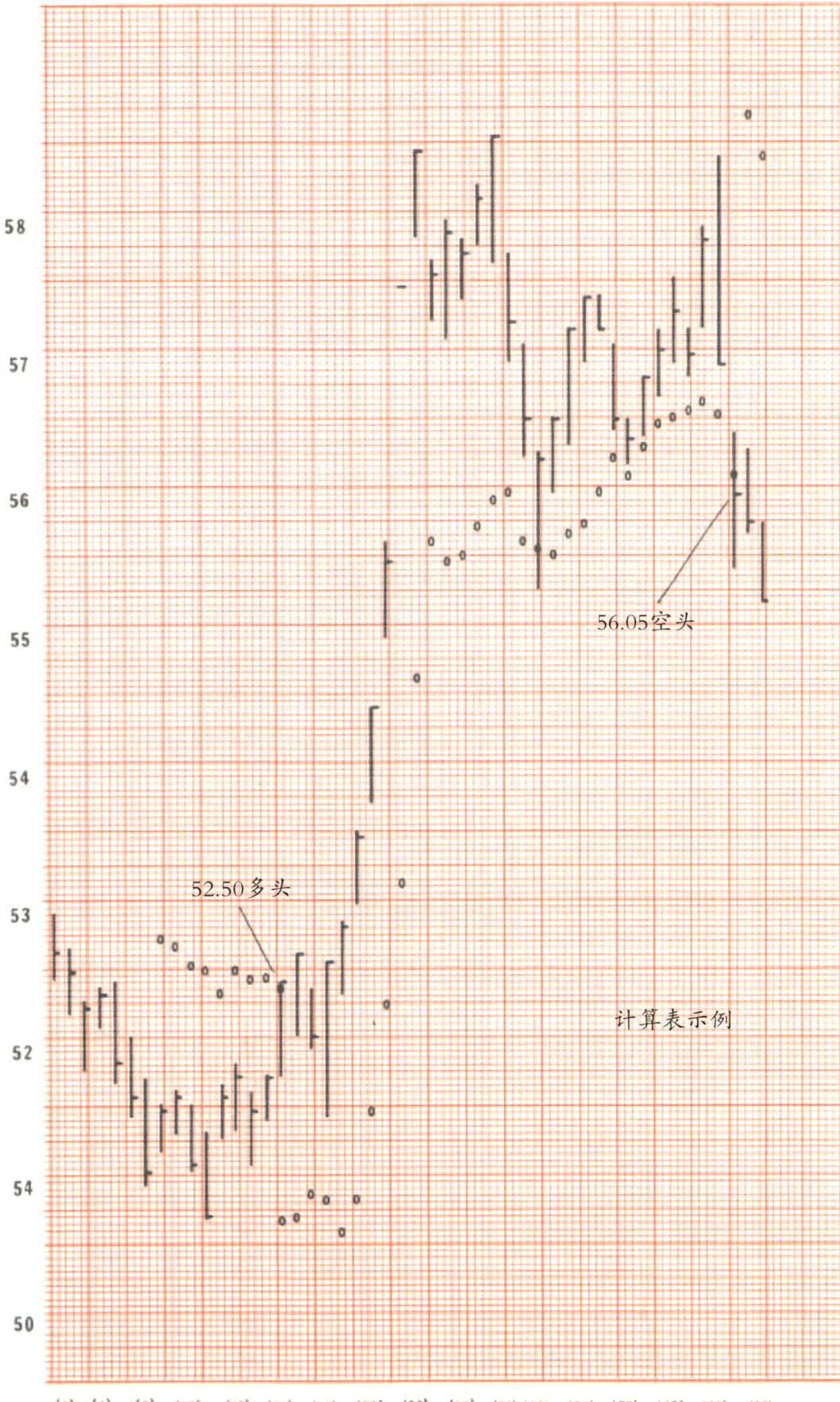

技术交易系统新概念

	计算表范例
第7天	第1天到第7天的真实幅度之和为4.05，除以7是0.58，再乘以3.00是1.74。市场处于下跌趋势，那就要寻求多头交易入场点。因此在当前的空头交易中，用1.74加上最低收盘价51.10，就得出第8天的SAR值52.84。
第8天	套用ATR计算公式，将前日ATR乘以6，加上TR_1值0.50，即得出3.98，再用3.98除以7再乘以3.00，就得出ATR值1.71。将1.71加上最低收盘价51.10，就是第9天的SAR值52.81。以此类推进行计算，直至收盘价高于SAR时，就可以建仓进行多头交易了。
第16天	收盘价52.50依然高于SAT，继续进行多头交易。收盘后计算ARC，再减去交易以来的最高收盘价（HI SIC），也就是今天的收盘价52.50，第17天的SAR为52.50−1.74＝50.76。
第33天	价格跌破SAR，但收盘仍然高于SAR，持续多头交易。注意SAR回涨，调整了新高之后带来的高波动性。另外，SAR值的变化也与交易方向相同，以此调整了增大的波动性。
第46天	收盘价低于SAR，立即在收盘价56.05处反转进入空头交易。计算ARC后与56.05相加即得出第47天的SAR值58.72。

  下面几页的图都是在真实市场应用该系统的例子，比本书中其他系统的交易次数少，本意就是在长期趋势中进行换手。

  本系统适用于商品选择指数（第四章有述）较高的市场。

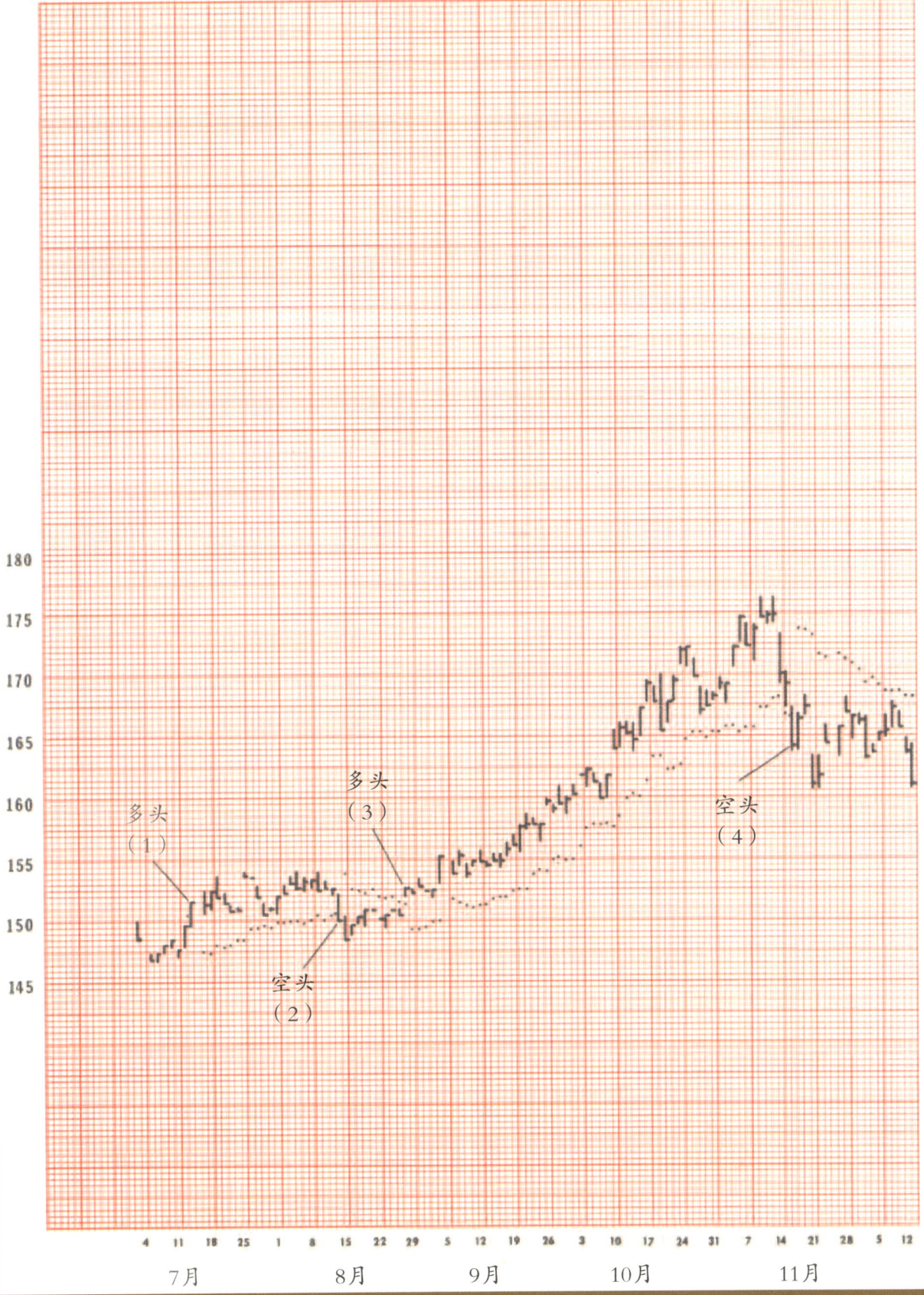

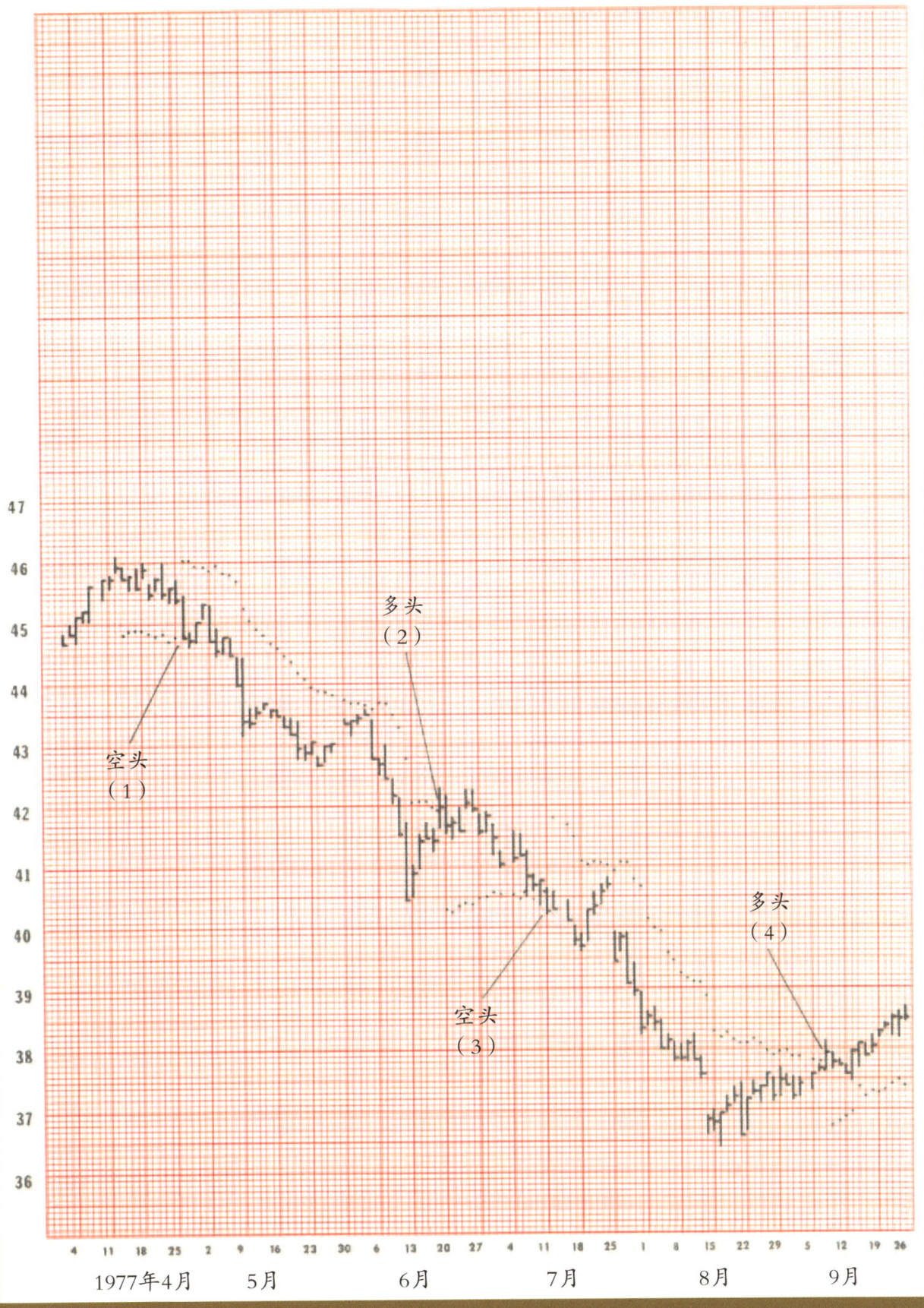

技术交易系统新概念

1978年6月Comex黄金					（波动系统）
交易号	日期	头寸	价格	盈亏	合计
1	1977.7.13	多头	151.90		
2	1977.8.12	空头	150.30	−1.60	
3	1977.8.26	多头	153.00	−2.70	−4.30
4	1977.11.26	空头	164.60	+11.60	+7.30
5	1977.12.23	多头	169.00	−4.40	+2.90
6	1978.3.20	空头	178.50	+9.50	+12.40
收盘时未平仓资产	1978.4.26		169.40	+9.10	+21.50

注：止损点与价格的偏离调整了波动性增大带来的影响，并随波动幅度减弱在收盘时接近价格。

1978年4月活牛					（波动系统）
交易号	日期	头寸	价格	盈亏	合计
1	1977.4.27	空头	44.82		
2	1977.6.20	多头	42.05	+2.77	
3	1977.7.12	空头	40.32	−1.73	+1.04
4	1977.9.8	多头	37.97	+2.35	+3.39
5	1978.3.28	离场	53.67	−15.70	+19.09

在最后一个交易日收盘时退出4月活牛交易。

第四章
动向指标

方向运行是最吸引我的概念，但要给它下个定义就像是去追寻彩虹的尽头——你看得到，也知道它在哪儿，但是越靠近就越不知其所踪。这也可能是我费心最多的概念，我最满意的成就无疑是我竟然能够将这一概念浓缩为严格的数学公式。

如果能够把任何商品或股票的方向运行用0到100来进行衡量，想想这有多大的意义。如果你用的是趋势跟踪法，那就只能交易指标值较大的品种；如果追踪的是起伏不定的无趋势市场，只能交易指标值较小的商品。另外，在方向运行中确定的平衡点，竟然是在方向运行下行时的平衡，能想到吗？

目前对技术交易系统已经有很多研究，但对与技术交易系统相关的市场在定义上还几无建树。现在我们来讨论一下这是可以做到的。

我们先从市场方向运行的最小增量开始。图4.1中显然是上行运动，上行幅度是A点到C点的距离，实际上也就是当日最高价减去昨日最高价，这一距离记为+DM。因为是上行运动，所以我们只考虑最高价。

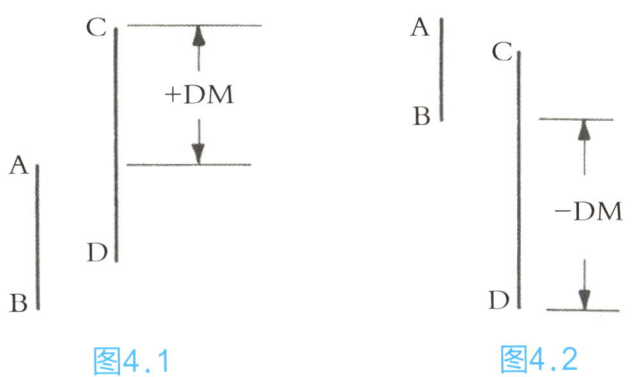

图4.1　　　　　图4.2

技术交易系统新概念

这里忽略了最低价之间的距离,也就是B点和D点之间的距离。

图4.2明显是下行运动。下行幅度是B点到D点的距离,是一个负数,即当日的最低价与昨日的最低价之差。由于市场下行,所以只考虑最低价而忽略最高价,最低价之间的距离记为−DM。

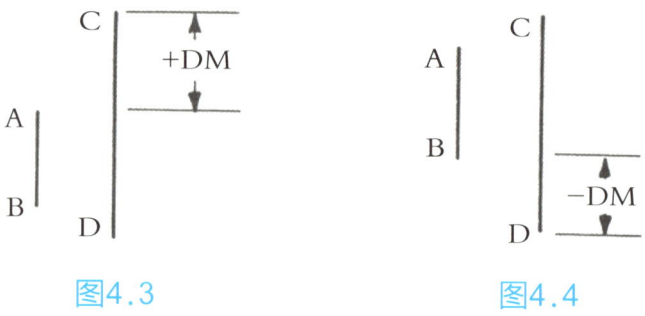

图4.3　　　　　　　　图4.4

现在来讨论外延交易日。图4.3中,+DM值大于−DM值,市场上行。方向运行要么上行,要么下行,绝无既上又下的。因此,在外延交易日选取较大的DM值,忽略较小的DM值。这里,DM值是点C与点A之间的距离,而且是正数。

在图4.4中,因为−DM值大于+DM值,所以只考虑−DM。

那么图4.5所示的内包交易日又怎样操作呢?这种情况下,方向运行幅度为零,图4.6亦是如此。

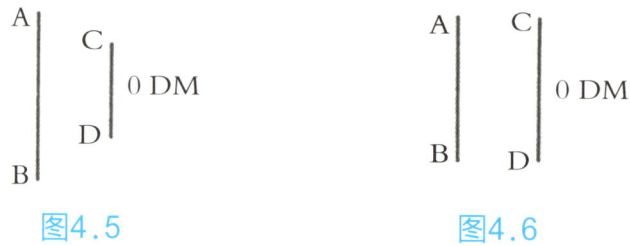

图4.5　　　　　　　　图4.6

图4.7所示的涨停交易日,+DM是C价位减去A价位;图4.8的跌停交易日,−DM为值D价位减去A价位。以上的示例

覆盖了任意两个交易日的方向运行之间所有的可能情况，综上所述，方向运行的基本增量为：

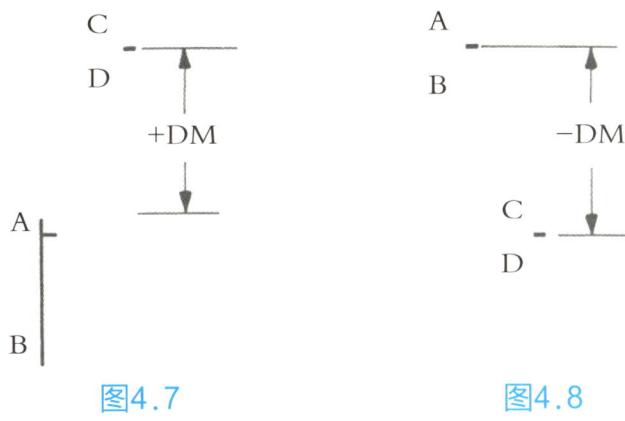

图4.7　　　　　　　　　　图4.8

当日最大运行值超过前日运行幅度

如果当日价格运行最大值高于前日运行幅度，则DM为正数；如果当日价格运行最大值低于前日运行幅度，则DM为负数。

实用起见，DM必须能够表示一个幅度，也就是必须与价格范围相关联。幅度增量就是当日的真实幅度（TR_1），与前一章所涉及的概念相同，定义为下列各值中最大者：

（1）当日最高价与当日最低价之间的距离；

（2）当日最高价与昨日收盘价之间的距离；

（3）当日最低价与昨日收盘价之间的距离。

真实价格范围始终是正数。

要将价格幅度和方向运行联系起来，只要用真实幅度来区分方向运行就可以了，这就有了所谓的方向指标（DI）。下面+DI和−DI的公式分别表示某一个交易日的方向指数，日期由下标"1"表示。

$$+DI_1 = (+DM_1) \div TR_1$$

$$-DI_1 = (-DM_1) \div TR_1$$

如果交易日价格上涨，则适用公式$+DI_1$；如果交易日价格下跌，则适用公式$-DI_1$。同一交易日的整体趋势不可能既向上又向下，只能二选一。实际上，$+DI$表示当日真实幅度上涨的百分比；$-DI$表示当日真实幅度下跌的百分比。

为使方向指数DI成为真正有用的工具，要先求出一段时间内的DI值之和。按一个月交易日平均计算的话，14个交易日是半个循环周期，就选用14日的DI总和。只要看看前14天，找到每个交易日的方向运行值DM_1，再确定每个交易日的真实幅度TR_{14}，然后将这14日的真实幅度相加，其和记为TR_{14}；再把这14日的所有正DM值（$+DM_1$）相加，其和记为$+DM_{14}$；最后把这14日中的所有负DM值（$-DM_1$）相加，其和记为$-DM_{14}$。

$+DI_{14}$和$-DI_{14}$的公式分别为：

$$+DI_{14} = (+DM_{14}) \div TR_{14}$$
$$-DI_{14} = (-DM_{14}) \div TR_{14}$$

（负DM只是对价格向下运动的一种描述，在计算公式并不表示负数。）

有了第一个$+DM_{14}$值和第一个$-DM_{14}$值，次日计算所用的$+DM_{14}$和$-DM_{14}$的值就没必要再追踪前14天的数据了，可以利用前日的数据与求和技巧进行计算。利用求和计算的优势在于：

免除了跟踪14天旧数据的必要；
平缓了DM的值。

应用求和技巧计算新$+DM_{14}$的方法如下：取前一个交易日的$+DM_{14}$除以14，再从前一个交易日的$+DM_{14}$值中减去所得数，最后加上当日的+DM$_1$（如有），即得到当日的+DM$_{14}$值。

$$当日+DM_{14}=前日+DM_{14}-前日+DM_{14}\div 14+当日+DM_1$$

−DM$_{14}$的计算如出一辙，减去前日−DM$_{14}$与14的商，再加上当日−DM$_1$：

$$当日-DM_{14}=前日-DM_{14}-前日-DM_{14}\div 14+当日-DM_1$$

每个交易日都要减去+DM的1/14和−DM的1/14。如果DM$_1$（当日）是负数，则将其值与−DM$_{14}$相加；如果DM$_1$（当日）是正数，就将其值与+DM$_{14}$相加。

计算真实幅度的方法也一样，减去TR$_{14}$的1/14，再加上当日真实幅度（TR$_1$），就得出TR$_{14}$的新值。

$$当日TR_{14}=前日TR_{14}-前日TR_{14}\div 14+TR_1$$

+DI$_{14}$表示前14个交易日真实幅度上涨的比例，−DI$_{14}$表示前14个交易日真实幅度下跌的比例。无论+DI$_{14}$还是−DI$_{14}$都是正数。

看不懂这一点也不要担心，我们这就来举例一步步说明，告诉你如何使用+DI$_{14}$和−DI$_{14}$，然后看看如何衍生出方向运行指数的，这个指标是+DI$_{14}$与−DI$_{14}$的差，换算为位于0至100之间的值。先来看看下面计算表里的例子。

日计算表
方向运行指数

日期	开盘价	最高价	最低价	收盘价	TR1	+DM$_1$	–DM$_1$	TR$_{14}$	+DM$_{14}$	–DM$_{14}$	+DI$_{14}$ (10)÷(9)	–DI$_{14}$ (11)÷(9)	DI差 (12)−(13)
6.1.77		274	272	272.75									
2		273.25	270.25	270.75	3.00	0	1.75						
3		272	269.75	270	2.25	0	.50						
6M		270.75	268	269.25	2.75	0	1.75						
7		270	269	269.75	1.00	0	0						
8		270.50	268	270	2.50	0	1.00						
9		268.50	266.50	266.50	3.50	0	1.50						
10		265.50	263	263.25	3.50	0	3.50						
13M		262.50	259	260.25	4.25	0	4.00						
14		263.50	260	263	3.50	1.00	0						
15		269.50	263	266.50	6.50	6.00	0						
16		267.25	265	267	2.25	0	0						
17		267.50	265.50	265.75	2.00	.25	0						
20M		269.75	266	268.50	4.00	2.25	0						
TOTALS					41.00	9.50	14.00						
21		268.25	263.25	264.25	5.25	0	2.75	43.32	8.82	15.75	20	36	16
22		264	261.50	264	2.75	0	1.75	42.98	8.19	16.37	19	38	19
23		268	266.25	266.50	4.00	4.00	0	43.91	11.60	15.20	26	35	9
24		266	264.25	265.25	2.25	0	2.00	43.02	10.77	16.11	25	37	12
27M		274	267	273	8.75	8.00	0	48.70	18.00	14.96	37	31	6
28		277.50	273.50	276.75	4.50	3.50	0	49.72	20.21	13.89	41	28	13
29		277	272.50	273	4.50	0	1.00	50.67	18.77	13.90	37	27	10
30		272	269.50	270.25	3.50	0	3.00	50.55	17.43	15.91	34	31	4
7.1.77		267.75	264	266.75	6.25	0	5.50	53.19	16.18	20.21	30	38	8
5T		269.25	263	263	6.25	1.50	0	55.64	16.52	18.82	30	34	4
6		266	263.50	265.50	3.00	0	0	54.67	15.34	17.48	28	32	4
7		265	262	262.25	3.50	0	1.50	54.26	14.24	17.73	26	33	7
8		264.75	261.50	262.75	3.25	0	.50	53.63	13.22	16.96	25	32	7
11M		261	255.50	255.50	7.25	0	6.00	57.05	12.28	21.75	22	38	16
TOTAL													
12		257.50	253	253	4.50	0	2.50	57.47	11.40	22.70	20	39	19
13		259	254	257.50	6.00	1.50	0	59.36	12.09	21.08	20	36	16
14		259.75	257.50	257.50	2.25	.75	0	57.37	11.98	19.57	21	34	13
15		257.25	250	250	7.50	0	7.50	60.77	11.12	25.67	18	42	24
18M		250	247	249.75	3.00	0	3.00	59.43	10.33	26.84	17	45	28
19		254.25	252.75	253.75	4.50	4.25	0	59.68	13.84	24.92	23	42	19
20		254	250.50	251.25	3.50	0	2.25	58.92	12.85	25.39	22	43	21
21		253.25	250.25	250.50	3.00	0	.25	57.71	11.93	23.83	21	41	20
22		253.25	251	253	2.75	0	0	56.34	11.08	22.13	20	39	19
25M		251.75	250.50	251.50	2.50	0	.50	54.82	10.29	21.05	19	38	19
26		253	249.50	250	3.50	1.25	0	54.40	10.80	19.55	20	36	16
27		251.50	245.25	245.75	6.25	0	4.25	56.76	10.05	22.40	18	39	21
28		246.25	240	242.75	6.25	0	5.25	58.96	9.31	26.05	16	44	28
29		244.25	241.25	243.50	3.00	0	0	57.15	8.64	24.19	15	42	27

商品：芝加哥小麦　　　　　　　合约月份：1978.3

K：＿＿＿＿＿＿＿

(12)+(13)	(14)÷(15)					
DI和	DX	ADX	操作和订单	ADXR	ATR$_{14}$	CSI
56	29					
57	33					
61	15					
62	19					
68	9					
69	19					
64	16					
66	6					
68	12					
64	6					
60	7					
59	12					
57	12					
60	21					
	222	16				
59	32	17				
56	29	18				
55	24	18				
60	40	20				
62	45	22				
65	29	22				
65	32	23				
62	32	23				
59	32	24				
57	33	25				
56	28	25				
57	37	26				
60	47	27		22	4.21	
57	47	29		23	4.13	

技术交易系统新概念

　　计算表中是1978年3月的芝加哥小麦,从前14天的情况开始研究。

　　第1列到第5列不言自明。
　　第6列是当日的真实幅度。
　　第7列是当日的正DM（+DM_1）。
　　第8列是当日的负DM（−DM_1）。

　　注意1977年6月7日的+DM_1和−DM_1都是零,这天是内包交易日,1977年6月16日也是。对前14日的交易情况,我们只能填入第6、7、8列。14天结束,我们就能算出第6、7、8列的总和。

　　14天结束,将每天的真实幅度（TR_1）相加就得出真实幅度总和（TR_{14}）41.00；将第7列中的数字相加,就得出+DM_{14}值9.50；将第8列中的数字相加,就得出−DM_{14}值14.00。

　　在第15日（1977年6月21日）就能计算当日TR_{14}的值、当日+DM_1的值和−DM_{14}的值。计算当日TR_{14}的算法如下：

$$TR_{14}（当日）= 前日TR_{14} - 前日TR_{14} \div 14 + TR_1$$
$$= 41.00 - 41.00 \div 14 + 5.25$$
$$= 41.00 - 2.93 + 5.25 = 43.32$$

　　+DM14的计算如下：（这些公式中,+DM和−DM前虽然有正负号,但不要误以为是运算符号。）

$$正DM_{14}（当日）= 前日正DM_{14} - 前日正DM_{14} \div 14 + 正DM_1$$
$$正DM_{14}（当日）= 9.50 - 9.50 \div 14 + 0$$
$$正DM_{14}（当日）= 9.50 - 1.68 + 0 = 8.82$$

$-DM_{14}$ 的算法如下：

负DM_{14}（当日）＝前日负DM_{14}－前日负DM_{14}÷14＋负DM_1
负DM_{14}（当日）＝14.00－14.00÷14＋2.75
负DM_{14}（当日）＝14.00－1.00＋2.75＝15.75

以上所有例子中，都减去了前一和的1/14，又加上了当日的DM_1。在真实幅度一列，要加上一个数来计算当日的值。但第15个交易日的+DM为零，无数可加；而在15日的−DM则可以加上2.75。

在第9列填入TR_{14}的值43.32。
在第10列填入+DM_{14}的值8.82。
在第11列填入−DM_{14}的值15.75。

现在用+DM_{14}（第10列）除以TR_{14}（第9列），计算如下：

+DM_{14}÷TR_{14}＝8.82÷43.32≈0.20×100＝20

将结果乘以100（或直接将小数点去掉即可），将所得数填入第12列，20就是正方向指标（+DI）。该数字实际上就意味着前14天的真实幅度有20%是上涨的。

−DM_{14}÷TR_{14}＝15.75÷43.32≈0.36×100＝36

现在将第11列的−DM_{14}除以第9列的TR_{14}，就得到0.36，这就是负方向指标（−DI）。将其乘以100或直接去掉小数点，将所得值36填入第13列。这个数字实际上表示前14日的真实幅度有36%是下跌的。

来分析一下当前的情况，如果前14天的真实幅度有20%上涨、36%下跌，两数相加即表示56%的真实幅度是有方向的——不是上涨就是下跌，也说明44%的真实幅度是没有方向的。

接着来看一个真正突破性的概念——真实方向运行，即$+DI_{14}$和$-DI_{14}$之差，这个概念很重要。商品或股票有方向的运行越多，$+DI_{14}$和$-DI_{14}$之差也就越大。只要哪天方向运行是正数，那就加到$+DI_{14}$上去，同时也要从$-DI_{14}$减掉。如果价格连续上涨了14天或者更多，$+DI_{14}$数值会增大，而$-DI_{14}$数值就会趋近于零，由此，两数之差就会很大。

相反，如果价格连续14个交易日或者更长时间下跌，每天DM都是负数，就要加到$-DI_{14}$中去，同时也要从$+DI_{14}$中减去，由此加大了两数之差。

如果价格做无方向的盘整运动，那么$+DI_{14}$和$-DI_{14}$之差就很小，说明价格运动没有方向。还要注意的是，市场运行非常缓慢时，方向运行的值也很大，原因就在于方向运行性表明了每日的幅度。相反，在价格运动非常剧烈的市场中也会有很低的DM值。

还是来看看计算表，计算$+DI_{14}$和$-DI_{14}$的差（即第12列和第13列的数值之差），将其填入第14列。

第14列是DI差。

本例中，DI差为16。

如前所述，正方向运行和负方向运行之和（$+DI_{14}$加上$-DI_{14}$）表示前14天有方向运行（非涨即跌）的幅度之和，将其填入第15列。

第15列是第12列和第13列数字之和。

本例中，$20+36=56$。

现在可以填第16列了，即方向运行指数（DX），计算方法是用+DI_{14}和−DI_{14}之差除以二者之和。

用16除以56，再乘以100或直接去掉小数点，得出当日的DX值29。

这个公式计算出的DX肯定位于0到100的范围内。DX值越大，其运行方向性越强；DX值越小，运行方向性越小。注意无论价格运行是涨是跌，不影响DX值的大小。

假设价格连续上涨14天或更长时间，然后转向，连续下跌14天或更长时间。DX值随着价格冲高回落而降低，而价格继续下跌时，DX值则增大。上涨和下跌都表示明确的方向运行。价格冲高回落时，+DI_{14}和−DI_{14}的差会降低，降为零后又增大。也就是说，价格上涨时，+DI_{14}值较大，而−DI_{14}值较小。价格冲高回落时，达到平衡点，然后−DI_{14}增大，+DI_{14}减小，两数之差又加大了。

为了缓和这一行为与DX的关系，使DX能同时反映极端上涨和极端下跌的价格运行，计算DX的时长必须两倍于计算+DI_{14}和−DI_{14}的时长，只要用14天的DX平均值就行了。计算14天的DX，然后根据前日的平均方向运行指数（ADX）同时开始计算当日ADX。

讲到这里，你很可能已经想到，在+DI_{14}超过−DI_{14}时要进行多头交易；在−DI_{14}超过+DI_{14}时进行空头交易，你也只能交易ADX分值位列前五或前六的商品。能想到这点，就说明你目前都看懂了，但还有一点美中不足。在介绍本章最后一个概念之前，先分析计算表上第16日（1977年6月22日）的情况，复习一下上述内容。

方向运行——计算表说明

第16日：填入最高价、最低价和收盘价，然后算出真实幅度是2.75。+DM为0，−DM为1.75。根据如下计算得出第9列的TR_{14}：

$$TR_{14}=43.32-43.32\div 14+2.75$$
$$=43.32-3.09+2.75$$
$$=42.98$$

根据如下计算得出第10列$+DM_{14}$的值：

$$+DM_{14}=8.82-8.82\div 14+0$$
$$=8.82-0.63+0$$
$$=8.19$$

根据如下计算得出第11列$-DM_{14}$的值：

$$-DM_{14}=15.75-15.75\div 14+1.75$$
$$=15.75-1.13+1.75$$
$$=16.37$$

现在用第10列除以第9列，得数去掉小数点就是19，即第12列的$+DI_{14}$：

第12列：$8.19\div 42.98\approx 0.19\times 100=19$

然后用第11列除以第9列，得数去掉小数点就是38，即第13列的$-DI_{14}$：

第13列：16.37÷42.98≈0.38×100＝38

计算第12列和第13列的差，即得到第14列的DI差。

第14列：38－19＝19

计算第12列和第13列的和，即得到第15列的值。

第15列：38＋19＝57

现在用第14列除以第15列，去掉小数点就是第16列的值。

第16列：19÷57≈0.33×100＝33，这就是DX的值。

接下来的14天按照上述步骤逐一演练，你就能牢牢记住算法。到第28日（1977年7月11日），之前的信息已经足以计算第一个平均方向运行指数（ADX）。

用前14日中第16列里的数字和除以14，所得数16就是第28日（1977年7月11日）的ADX。要计算出第29日（1977年7月12日）的ADX，现在所用的数字都是平均数而不是总和，所以要用移动平均公式。将前日的ADX乘以13，再加上当日的DX，最后除以14。计算步骤如下：

当日ADX＝(前日ADX×13＋当日DX)/14
　　　　＝(16×13＋32)/14
　　　　＝(208＋32)/14
　　　　＝17.14（四舍五入为17）

将计算结果17填入第17列。计算相对简单，主要根据上述方法，很快就能信手拈来。这种方法的优势是只要算出第一个ADX，就不需要看昨天之前的数据。每天只要用一两分钟就能记下数字，在小计算器上进行计算就行了。操作一周左右，你用起来就非常简单了。

这些就是计算方向运行指数所需的全部数据了，但计算表中还有三列数字：

ADXR：方向运行平均指数等级。
ATR_{14}：14天的平均真实幅度。
CSI：商品选择指数。

这三个数字与商品选择指数（CSI）有关，会在第四章中介绍。计算表中包含了这三个数，也涵盖了计算CSI的大多数数据。

现在我们要来讨论ADXR和ATR_{14}。ADXR是在评定方向运行等级时衡量所有商品、货币、股票等的最后一个指标。当日ADX加上前14天的ADX再除以2就是ADXR。

$ADXR = (ADX_{当日} + ADX_{14}) \div 2$

因为ADXR仅用于衡量方向运行，就必须既能反映方向运行，又必须在方向运行改变方向时以最小的波动表示出来。

ADX曲线呈现正弦波形态。

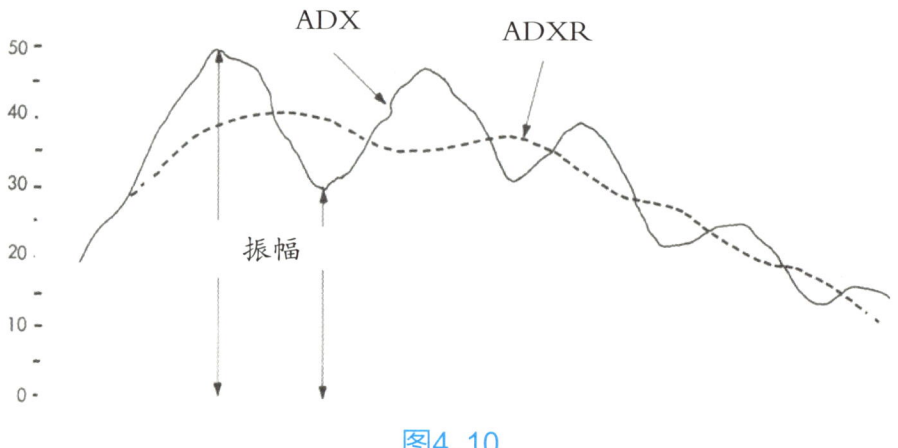

图4.10

曲线的振幅从零开始计算，波峰和波谷表示方向的改变。如果主要趋势是下降的，波峰对应低价位点、波谷对应高价位点；如果主要趋势是上升的，波峰对应高价位点，波谷对应低价位点。

振幅愈大，沿一个方向发生的方向运行也就愈明显，不是上涨就是下跌，表明了主要趋势的走向。波峰与波谷之间距离愈长，则对趋势的调整力度也愈大。如果调整时间很长、程度很大，那么跟踪趋势交易在两个方向都可获利。

ADXR一定是反映方向明确的运动，同时不能在平衡点过度波动，通过采用14天内ADX差的平均数就可以做到这一点。

方向运行这一概念并不是那么快容易掌握的。

方向明确的方向运行并不是直上直下运动，在平衡点上下的运动也是方向明确的运行，实际上，这正是ADX所衡量的对象。$+DI_{14}$值与$-DI_{14}$值相等时，形成平衡点。

图4.11中，ADX的数值很低。图中的波动幅度就是价格波动。

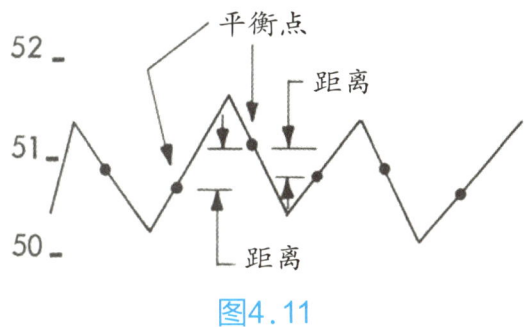

图4.11

平衡点之间的距离也相对较小。

在图4.12中，各个平衡点之间距离较大，ADX值随之增大。

图4.13中，ADX值依然很高，平衡点只出现了一次，正好是向下反转的位置。

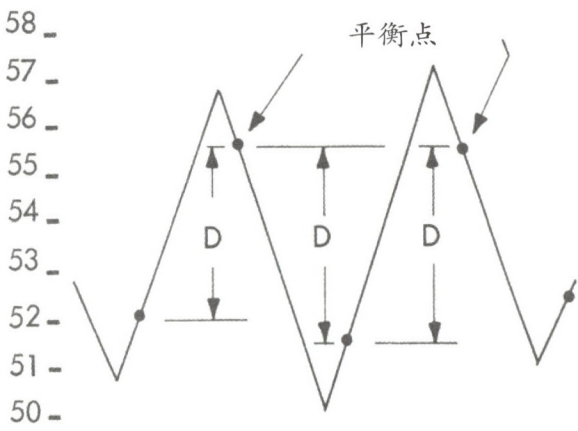

图4.12

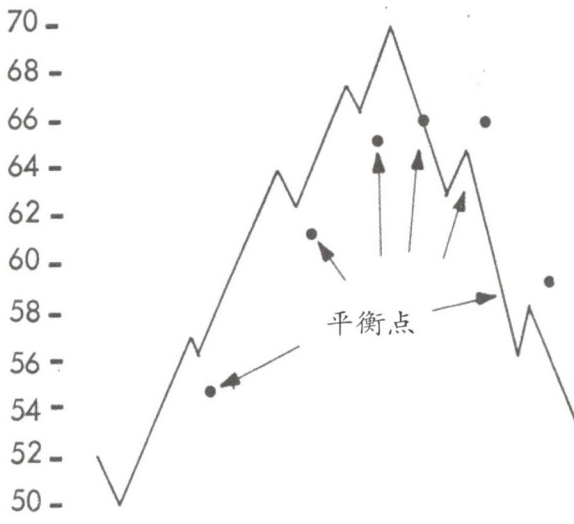

图4.13

再来看另一个极端例子：

图4.14

平衡点B和C的距离为零。如果在B点买进，在C点卖出，刚好不亏不赚。如果在E点卖出，在F点买进，就会亏损，因为E点和F点之间有一定距离，有一定的方向运行。

当ADXR值小于20时，就表示市场会有运动。当ADXR值高于25时，平衡点的距离就拉开了。如果在14个交易日内发生剧烈的方向运行，那么平衡点在转向后会很快出现，而不会出现在下一个摆动的上涨途中，如图中的B、D和F点。

深入研究这个概念以及图上+DI_{14}、-DI_{14}和ADX线之间的互动，会受益良多。在介绍一些简而易见的含义前，先来看看方向运行系统。

计算表中的第一个ADXR值22出现在第41个交易日，计算方法是用当日ADX值27加上前14日的ADX值16，然后再除以2：

ADXR＝27＋16＝43÷2＝21.5（四舍五入为22）

ATR_{14}就是TR_{14}的平均值，用TR_{14}除以14就行。

ATR_{14}＝58.96÷14＝4.21

CSI和常数K在第九章介绍。

方向交易系统

动向交易系统本身非常简单。当+DI_{14}上行突破-DI_{14}时，进行多头交易；当-DI_{14}上行突破+DI_{14}时，进行空头交易。这一交易系统应该用于CSI指标值较高的市场，收效才最好。

根据经验，ADXR值高于25时，使用该系统交易商品有利可图。ADXR低于20后，就不能使用趋势跟踪交易系统。在ADXR值处于20到25之间时，本书中介绍了两种可以采用的交易系统，即趋势平衡点交易系统和趋势调整交易系统。

采用方向交易系统时，还有一个规则，即极值价位规则。

当+DI_{14}和-DI_{14}相交叉时，将当日的最高（最低）价位作为反转点。

技术交易系统新概念

多头交易的反转点就是交叉当日的最低价位。空头交易的反转点就是交叉当日的最高价位。只要没有止损离场,即使指数在几天里反向交叉,也要坚守这个价位。

我发现,无论市场是否反转,方向系统里的平衡点好像是个关键点。指数交叉当日出现的最高(最低)价格一般不会被再次穿透,而市场则会返回到交易方向。

这里将讨论$+DI_{14}$、$-DI_{14}$和ADX曲线之间的相互位置关系。

在1978年3月小麦的条状图中,7月和8月是下跌趋势,$-DI_{14}$线在$+DI_{14}$线之上,DI差值相对较大,ADX线上行。当ADX线上行超过$-DI_{14}$线时,表示转折点形成,原因在于$-DI_{14}$开始乏力,但$+DI_{14}$仍在下跌使得ADX继续增大,因此DI差值仍然很大。转折点经常与ADX线上行超过两条DI_{14}线后的第一个下跌转折点同时出现。

1978年3月芝加哥小麦					(方向运行系统)
交易号	日期	头寸	价格	盈亏	合计
1	1977.6.28	多头	274.25		
2	1977.7.5	空头	263.75	−10.50	
3	1977.9.7	多头	245.50	+18.25	+7.75
4	1977.12.5	空头	272.75	+27.25	+35.00
5	1977.12.27	多头	278.00	−5.25	+29.75
6	1978.1.17	空头	267.75	−15.25	+14.50
7	1078.2.27	离场	254.00	+8.75	+23.25

注意,图中的ADX线在价格触底两天后反转下行(上行穿过两条DI线之后)。下一个ADX下行反转(上行穿过两条DI线之后)是1977年10月4日第一个中期高点出现三天后。下一次下行反转(还是在上行穿过两条DI线之后)发生在1977年11月21日的最高价出现一天后。

注意,这一指标只能出现在主要趋势方向上的有利点。指标出现时,赚不到的时候很少见。如果是想跟踪主要趋势，通常买入要比套现更有利。但这时退出交易，然后在下次两条DI线交叉时顺势入场或在ADX线再次掉头上行时入场，也无可厚非。

牛市见顶时，位于两条DI线之上的ADX有时在掉头下跌后再转而上涨。这种情况下，你或许想等待交叉出现。虽然如此，如果手上有好几份合约，最好还是在ADX（还位于两条DI线之上）第一次反转下行时就将部分利润变现为好。

另一件有趣的事就是，当ADX线低于两条DI线时，就该停止交易了……至少停止使用趋势跟踪交易系统进行交易。

按照这种方式，研究其他图表。注意该交易系统如何跟踪。

现在来看看极值价位原则的几个例子。$+DI_{14}$线10月13日下行穿过$-DI_{14}$线，这就是反转多头交易的信号。我们将止损定在当日最低价251.50，但价格并未触及止损。到10月21日，$+DI_{14}$与$-DI_{14}$相同，但并没有交叉，没有给出行动信号。

1977年7月黄豆					（方向运行系统）
交易号	日期	头寸	价格	盈亏	合计
1	1976.11.11	空头★	658.50		
2	1976.12.5	多头	673.00	−14.50	
3	1977.5.8	空头	937.50	+264.50	+250.00
4	1977.7.20	离场	627.00	+310.50	+560.50

★开盘

选取本图的目的在于显示方向运行系统诡异的本质特性，一般都会使系统免于密集波动，甚至在价格见顶时也不例外。

注意5月16日出现的极值点原则。

1月23日，$+DI_{14}$上行穿过$-DI_{14}$，但我们还保持空头交易，因为1月23日的最高价并没有被突破。

根据对小麦图的分析来研究另一张图，注意图中该系统是如何跟踪大幅运动的，而且有几次做出了重大的调整，但是并没有反转。还要注意到，如果主要趋势继续不变，交易

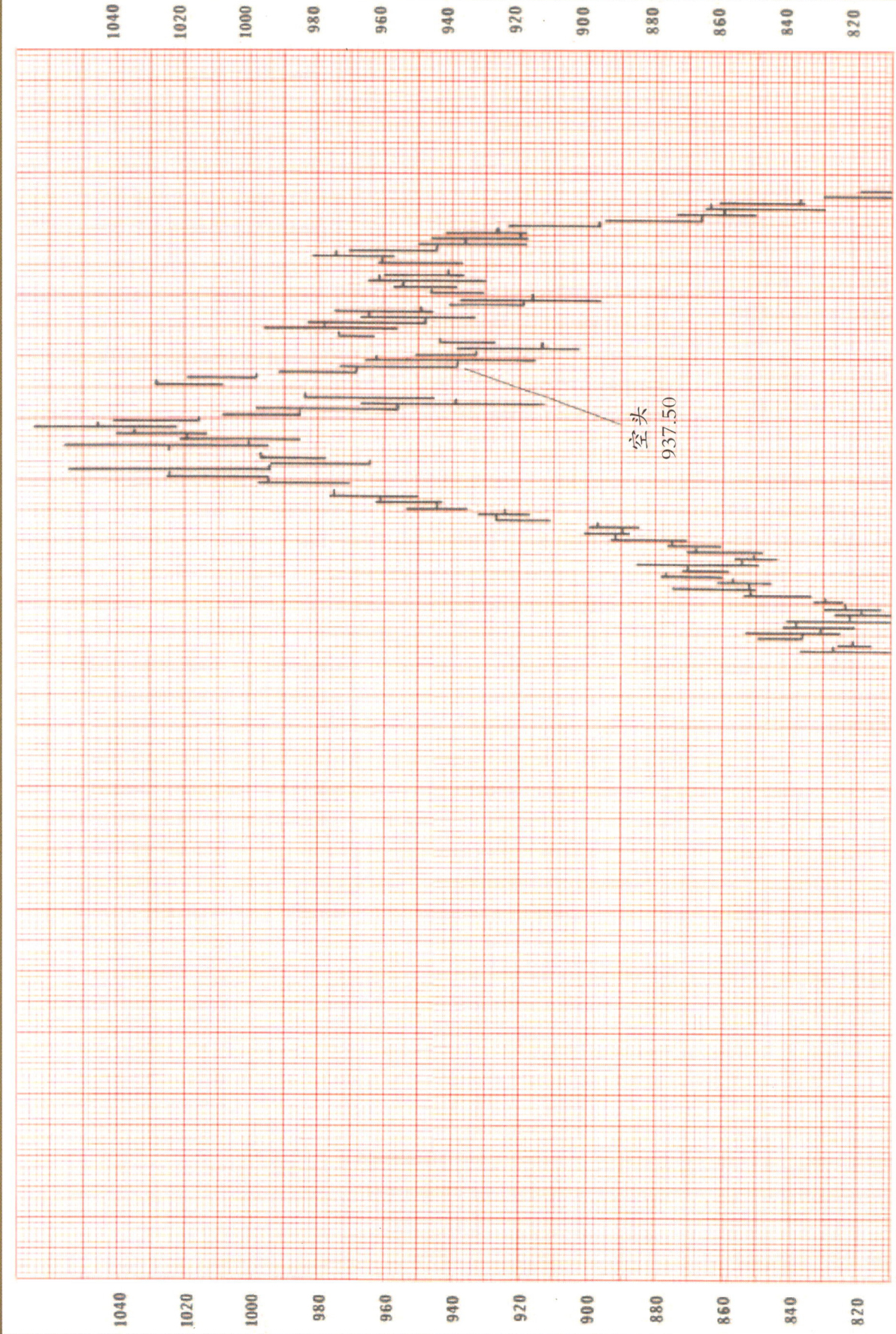

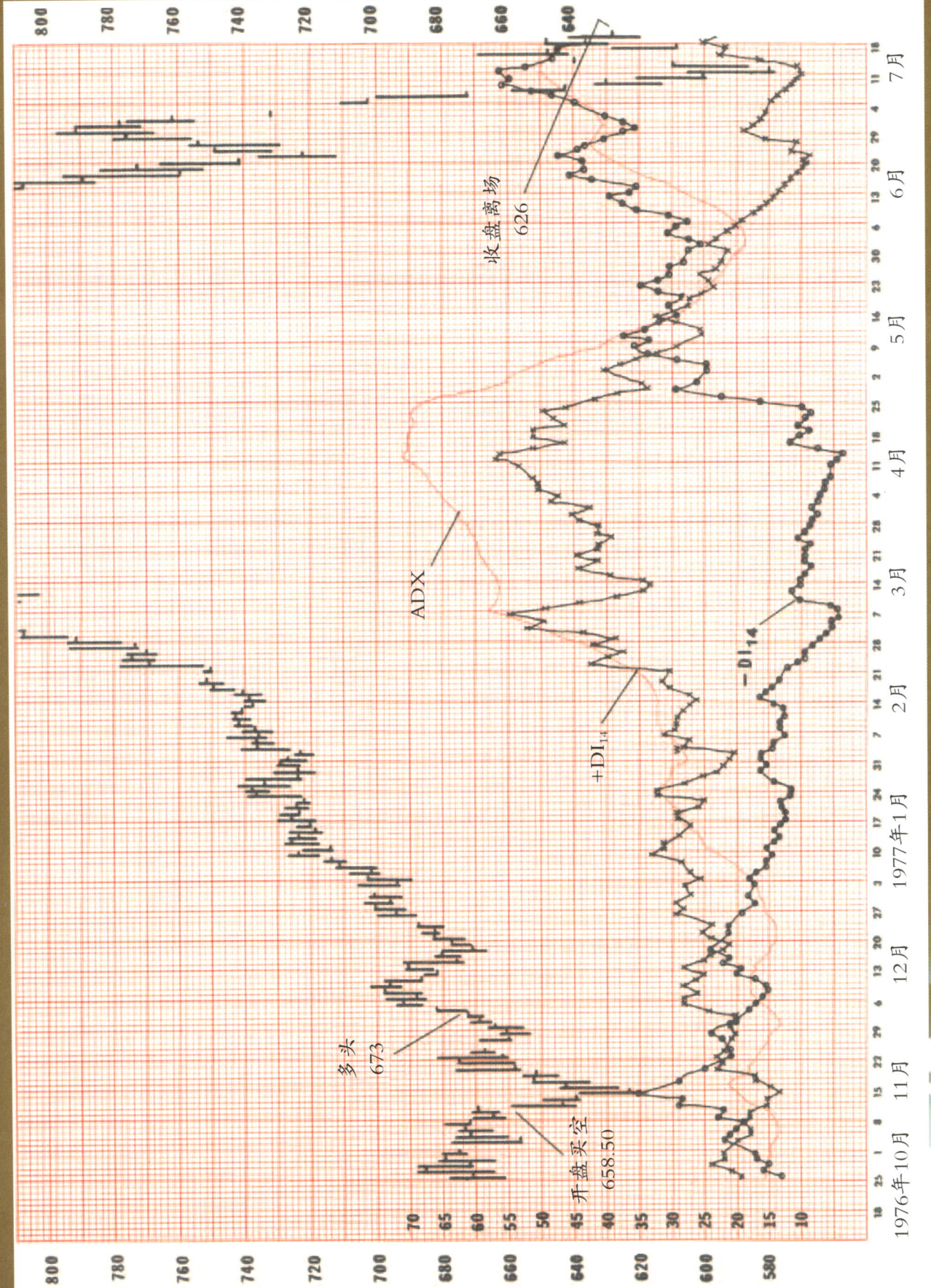

要迅速反转到主要趋势的方向上来。

对很多人来说，方向运行的概念和含义不太容易掌握，但只要用起来就会劳有所获。这个交易系统能够给出明确的建仓位置、平仓位置，同时还能指出是否应该交易某个市场。

$+DI_{14}$和$-DI_{14}$的另一个作用就是作为其他交易系统的后备，还能在ADX线超越两条DI线之上然后下行时，提前预示顶部或底部的到来。例如，一个长线交易人观察某品种已下跌了数月，正在寻找买入点。该交易系统通常会在ADX转而下跌时预示底部即将来临，并在$+DI_{14}$高于$-DI_{14}$时加以确认。

另外一种做法就是把ADX作为本书中其他系统，或你使用的任何系统的趋势指示器。当$+DI_{14}$上行穿过$-DI_{14}$时，进行多头交易；当$-DI_{14}$上行穿过$+DI_{14}$时，只作空头交易。

我不会对本书中的系统评出个甲乙丙丁，萝卜青菜各有所爱。然而，至少可以说，对想要赚钱的认真交易人而言，单单这一章就价值不菲。

因为本章内容与商品选择指数密切相关，读完本章后，最好直接阅读第九章。

第五章

动量概念

在技术交易中，动量概念是最有用的概念之一。但对许多交易人来说，动量也是最难理解的概念，动量既可以反映加速，也可以反映减速。

这里会把上行动量（加速）当做正数，下跌动量（减速）当做负数。现在来举例说明。

假设猪腩连续五天的收盘价都比前一天收盘价高1分，那么加速度就是零。相反，如果收盘价连续五天都比前一天收盘价低1分，那么减速度为零。现在还是回到连续五天收盘价高出1分的情况。

动量大于零的前提是，收盘价格比前一交易日收盘价的差价超过1美分。假设第六日的收盘价格比前一个交易日高出1.5分，这样动量为正，第6个交易日的动量就是正的，表示加速了。第7个交易日，保持正动量的前提是收盘价比前一交易日的差价超过1.5分。如果第7个交易日的收盘价刚好比第6个交易日高出1.5分，那么动量还是零。假设第七天的收盘价比第六天的收盘价高出1.25分，那么，就是增速降低，动量就是负的。

图5.1曲线中的点表示股票或商品的收盘价。注意从第1日到第9日，每天的收盘价不仅高于前一天的收盘价，并且上升幅度依次逐渐增大。因此，从第1个交易日到第9个交易日的价格加速上涨，动量为正。从第10个交易日到第12个交易日，曲线变成了直线，没有加速也没有减速，每个交易日的收盘价都与前一个交易日的收盘价上涨相同的幅度，因此，从第9至第12个交易日的动量为零。

技术交易系统新概念

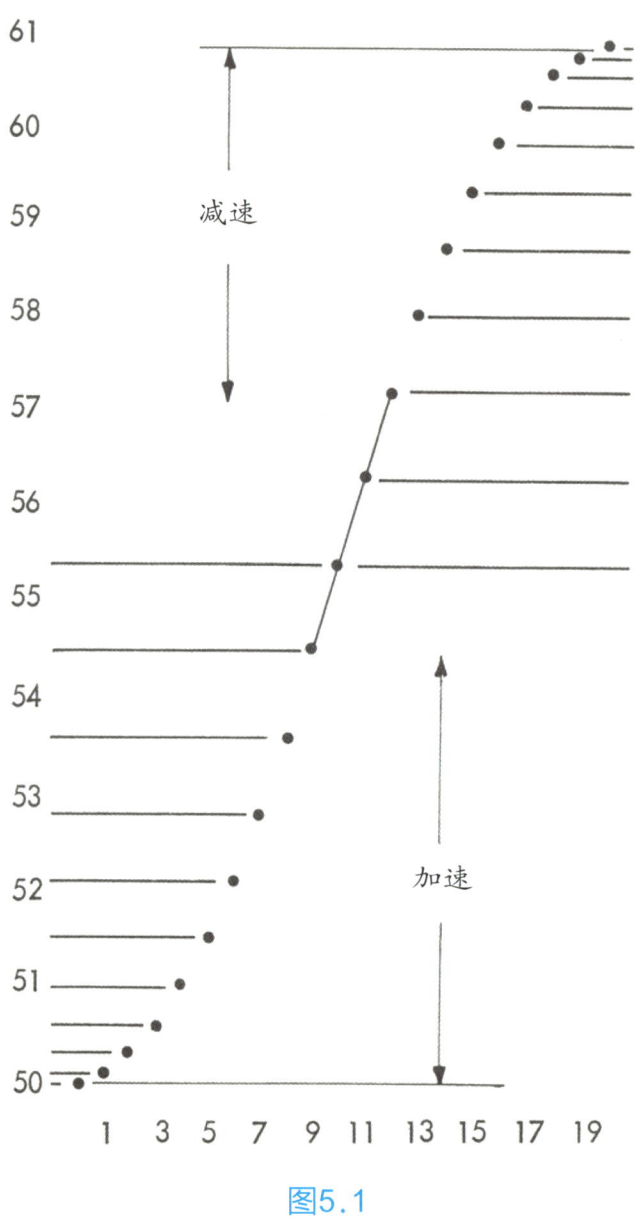

图5.1

从第13至第20个交易日,每日收盘价比前一个交易日收盘价高,但是,上涨幅度依次逐渐减小,价格增幅减速,动量为负。

趋势平衡点交易系统

动量交易系统非常独到地使用了上述动量概念，能够满足操作频繁的交易人、经纪人的需要，每周常常要进行三至五次交易，获得的利润较小、但持续，因此，与其他技术交易系统相比较，获利交易比率相对较高。

在动量交易系统中，仅用收盘价来计算动量。因为是在确定的目标价位处收获利润，该交易系统并不能说是真正的反转交易系统。动量指标会显示什么时候应当建空头、什么时候应当建多头。

以下讨论如何计算动量。动量是当日的收盘价与两个交易日前的收盘价之差。有一点要着重注意，要先找到当日的收盘价，再用当日的收盘价减去两日前的收盘价，差值有可能是"正"，也有可能是"负"。

日期	收盘价	MF
1	49.25	
2	49.75	
3	50.25	+1.00
4	50.75	+1.00
5	51.10	+0.85
6	50.75	0
7	51.00	−0.10
8	49.75	−1.00
9	49.25	−1.75
10	49.50	−0.25

在这个例子中，第一个动量值（MF）是用第3个交易日的收盘价50.25减去第1个交易日的收盘价49.25，即得出+1.00。第二个动量值是用第4个交易日收盘价50.75减去第2个交易日收盘价49.75，即得出+1.00。第三个动量是第5个交易日收盘价减去第3个交易日收盘价。

到第7个交易日，用51.00减去51.10得到−0.10。用较

63

低值减去较高值，就用减数的符号，本例中就是较高数值的符号。第9个交易日动量值也是负数，49.25减去51.00，即为-1.75。

以下是上述步骤的图例：

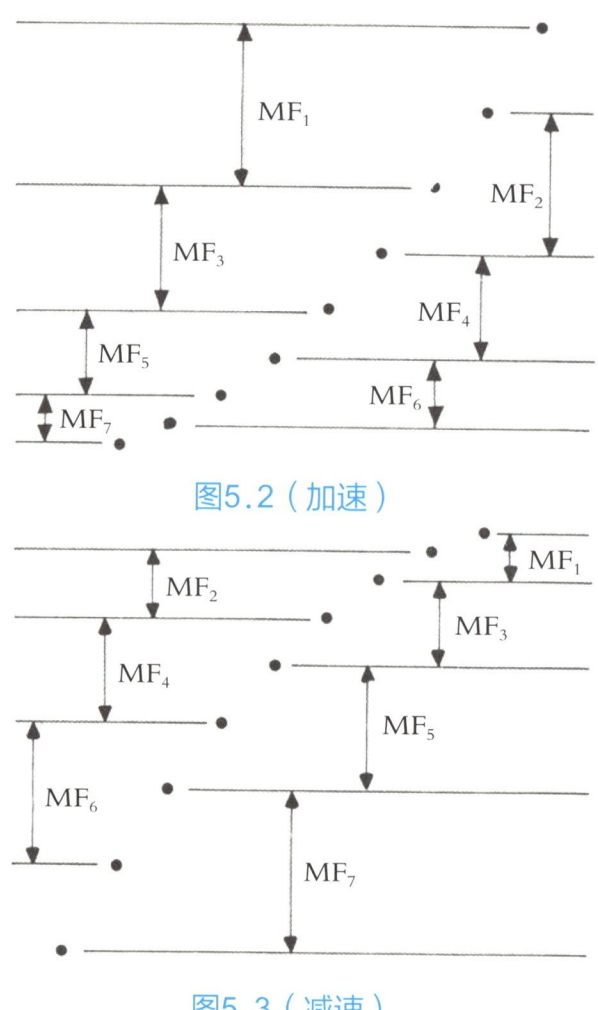

图5.2（加速）

图5.3（减速）

现在知道了如何计算每个交易日的动量。下面概述交易系统的大致内容，然后再一步一步详细介绍。

基本步骤

（1）当日动量值高于前两个交易日的两个动量值时，在该交易日的收盘价位建立多头交易。

（2）当日动量值低于前两个交易日的两个动量值时，在该交易日的收盘价位建立空头交易。

（3）在目标价位获利了结，不要等着做反向交易。

（4）在止损点离场，不要等着做反向交易。

（5）在目标价或止损点离场后，根据第一步或第二步再重新入市。

让我们再举例看看。

日期	收盘价	收盘价	收盘价	MF
1	49.25			
2	49.75			
3	50.25	+1.00		
4	50.75	+1.00		
5	51.10	+0.85	空头	51.10
6	50.75	0		
7	51.00	−0.10		
8	49.75	−1.00		
9	49.25	−1.75		
10	49.50	−0.25	多头	49.50

第5个交易日的动量值0.85低于前两个交易日的MF值，因此在第5个交易日的收盘价51.10处建空头交易。如果第5个交易日的动量值只大于其中一个交易日动量，就不能建仓。必须同时大于前两个MF值时，方可作为确定信号。一旦建立了空头交易，就该计算获利了结的目标价位。在讨论目标价位之前，还要再讨论一下入市价位。

还是来看第5个交易日。如果以上的内容都理解了，那么到此必定有一个疑问。看着例子你不禁会问："如果要知道收盘价才能确定动量值，又怎样能在收盘价51.10的位置

技术交易系统新概念

处入场建立空头交易呢?"问题确实如此。实际上,在收盘前——实际上甚至是在第五天开盘前,就能够确定价格要到多少才能有低于1.00的动量值,这就是趋势平衡点。

第5个交易日的动量值是当日的收盘价减去第3个交易日的收盘价,第5个交易日的收盘价是51.25,很快就能计算出当日的动量值是1.00。如果收盘价小于51.25,那么动量值就小于1.00;如果收盘价大于51.25,那么动量值就大于1.00;如果收盘价是51.25,那么动量值刚好就等于1.00。因此,51.25是个非常关键的价位,称其为趋势平衡点(TBP)。如果处于多头仓位,那么TBP定义为:

价格低收的价位,在此才能反转为空头。如果处于空头仓位,那么TBP定义为:

价格高收的价位,在此才能反转为多头。

再看看例子,显示了TBP:

日期	收盘价	MF	TBP	头寸	价格
1	49.25				
2	49.75				
3	50.25	+1.00			
4	50.75	+1.00			
5	51.10	+0.85	51.25	空头	51.10
6	50.75	0	51.75		
7	51.00	−0.10	51.95		
8	49.75	−1.00	50.75		
9	49.25	−1.75	50.90		
10	49.50	−0.25	48.75	多头	49.50
11			47.50		

第5个交易日的TBP是51.25,因此在51.10收盘时建立空头交易。第5个交易日收盘后,就可以立即计算出下一个交易日的TBP。问题是,次日的收盘价要多高才不至于使所产生的MF值大于1.00?因为MF值必须大于前两个MF值,所以要选择前两个MF值中较大的。在本例中就是1.00和0.85,所以选择1.00。现在处于空头状态,所以选择较大

的MF值加上第4个交易日的收盘价50.75，得到第6个交易日的TBP值为51.75。到第6个交易日，前两天的MF值就是+0.85和0，取两者较大的+0.85，加上第5个交易日的收盘价，得到第7个交易日的TBP值51.95。到了第7个交易日，前两个MF值就是0和-0.1，较大者为0，因此就是0加上第6个交易日的收盘价，得到第8个交易日的TBP值50.75。到第8个交易日，前两个MF值分别为-0.10和-1.00，较大者为-0.10，加上第7个交易日的收盘价，得到第9个交易日的TBP值50.90。

切记，如果将一个负值加上一个正值，答案就是两数之间的差。

假设我们在第10个交易日在目标价位获利退出空头交易，那么如何在第10个交易日的收盘价位再次入市——无论空头还是多头？第10个交易日的TBP值为48.75，那么收盘价高于48.75时就应建立多头头寸；收盘价在48.75或以下时建立空头头寸。因为先前已是空头，如果收盘价刚好是48.75，也不改变交易方向。只要收盘价刚好等于TBP值，都继续沿原方向进行交易。

0.25比前两天的动量（-1.00和-1.75）都高。（刚开始用负值会有点迷惑，可以这样想想：在温度上，-25°比-100°和-175°要高。）

多头时计算趋势平衡点的问题是，收盘价多低才能让动量值低于前两日的动量值？要用前两个交易日中较小的动量值加上两个交易日前的收盘价，就是当日的TBP值。

到了第11个交易日，前两个交易日的动量值分别为-1.75和-0.25，-1.75较低，加上49.25就是当日的TBP值47.5。到第10个交易日尾盘，收盘价低于47.50时就要反转到空头交易，否则仍然保持多头交易。

现在来回顾一下计算TBP值的步骤：

（1）多头状态计算当日的TBP值时，用前两个交易日中较小的动量值加上前一个交易日的收盘价即可。

（2）空头状态计算当日的TBP值时，用前两个交易日中较大动量值加上前一个交易日的收盘价即可。

注意，前两个交易日的动量值指当日的动量值和前一日的动量值。

切记，如果将一个负值加上一个正值，结果是两数之差，再加上较大数的符号。比如，将MF值−1.75加上收盘价49.25，所得结果为47.50。

防御止损点

到此，我们已经知道了在何时入场和离场。在收盘价位入场需要设置防御止损点，防止在下一个交易日中发生极端的价格波动，或者价格向不利于所持头寸的方向空跳，将资金锁死在市场中。这一止损点也与动量概念相关，其实整个交易系统都以动量概念为基石。

趋势平衡点交易系统的止损点是真实幅度（TR）和平均价格（$\overline{X}$）的函数。止损点的计算公式是$\overline{X}$值加上或减去TR值。如果是多头状态，则为$\overline{X}-TR$；如果是空头状态，则为$\overline{X}+TR$值。$\overline{X}$值就是最高价、最低价和收盘价的平均值，也就是三者之和除以3。

真实价格范围TR就是价格一天的真实幅度，与本书中其他系统所述一致。简而言之，就是以下三个数值中的最大值：

（1）当日最高价与最低价之间的距离；

（2）当日最高价与前一日收盘价之间的距离；

（3）当日最低价与前一日收盘价之间的距离。

接着分析例子。假设下列价格为最近两个交易日的交易数据：

技术交易系统新概念

	最高价	最低价	收盘价
第1天	50.00	49.00	49.10
第2天（当日）	50.20	49.40	49.90
3	50.25	+1.00	50.25

当日最高价至最低价的距离： 0.80
前一个交易日的收盘价至当日最高价的距离： 1.10
前一个交易日的收盘价至当日最低价的距离： 0.30
真实价格范围TR值为： 1.10
$\overline{X}=$（50.2＋49.4＋49.9÷3＝149.50÷3＝49.83

如果是多头状态，止损点为：$\overline{X}-TR=49.83-1.10=48.73$

如果是空头状态，止损点为：$\overline{X}+TR=49.83+1.10=50.93$.

收盘之后，利用最新的最高价、最低价和收盘价计算防御止损点位置，用于下一个交易日。

目标价位

趋势平衡点交易系统的目标价位由平均价格$\overline{X}$和当日最高（最低）价格决定。如果是多头，那么目标价位是$2\overline{X}-L$；如果是空头，那么目标价位是$2\overline{X}-H$。例如，假设下列数据为近两日的交易数据：

	最高价	最低价	收盘价
第1天	50.00	49.00	49.10
第2天（当日）	50.20	49.40	49.90

在上例中，$X=49.83$，如果是多头，那么第3个交易日的目标价位是：

$\overline{X}=49.83$

$$T = 2\bar{X} - L = 2 \times 49.83 - 49.40 = 99.66 - 49.40 = 50.26$$

如果是空头，那么第3个交易日的目标价位是：

$$T = 2\bar{X} - H = 2 \times 49.83 - 50.20 = 99.66 - 50.20 = 49.46$$

收盘之后，用最新的最高价、最低价和收盘价计算目标价位，在下一个交易日中使用。

然后将目标价标价位、止损点和趋势平衡点填入计算表格中，以备下一个交易日使用。

简单回顾一下，只能根据动量值的大小决定是否在收盘时入场；在目标价位获利了结，而不是等着反转；如果在交易日中于目标价位获利了，就要根据TBP值的大小确定是否在收盘价再次建仓。TBP还能决定现有仓位在收盘时是否应继续持有或者反向建仓。如果在交易日中于止损点结束了交易，就不能在止损点反向建仓，而要在收盘时根据TBP值决定是否再次入场。

趋势平衡点系统的定义和操作规则如下：

定义

TR　真实幅度，为以下三者中的最大数值

（1）当日最高价和最低价之间的距离；

（2）当日最高价至前一个交易日收盘价之间的距离；

（3）当日最低价至前一个交易日收盘价之间的距离。

MF　动量

当日的收盘价与两个交易日前的收盘价之差。

$\bar{X}$　平均价格

当日的最高价、最低价和收盘价的平均值。

TBP　趋势平衡点

（1）如果处于多头状态，即为交易收低时反转为空头的价位。

（2）如果处于空头状态，即为交易收高时返还为多头的价位。

止损点　非反转点

（1）如果处于多头状态，止损点为$\overline{X}-TR$；

（2）如果处于空头状态，止损点为$\overline{X}+TR$；

目标价位　了结仓位，不等反转

（1）如果处于多头状态，目标价位为$2\overline{X}-L$；

（2）如果处于空头状态，目标价位为$2\overline{X}-H$；

规则

建仓

（1）收盘价高于TBP时，在收盘价入市，建立多头仓位；

（2）收盘价低于TBP时，在收盘价入市，建立空头仓位。

反转入市（如果价格未触及目标价或者止损点）

（1）收盘价高于TBP时，在收盘价从空头转多头；

（2）收盘价低于TB户时，在收盘价从多头转空头。

离场

（1）在目标价获利离场，不等着反转；

（2）在止损点了结离场，不等着反转。

再次入场

在止损点或目标价离场后，根据TBP值决定是否在收盘价再入市建仓。

计算次日交易日的TBP

（1）如果处于多头状态，则用前两个交易日中较小的MF值加上前一个交易日的收盘价即可。

（2）如果处于空头状态，则用前两个交易日中较大的MF值加上前一个交易日的收盘价即可。

趋势平衡点交易系统的另一种操作方法就是，在下一个交易日开盘时再次入场，而不是在即日的收盘时入场。虽然我在即日收盘价重新入市所得的收益总体上来说较好，但有些交易人不想冒风险持仓过夜，而想在开盘时重新建仓来缴纳较低的日交易佣金。如果这种操作对你来说更合适，那就尽可能修改系统来适应你的交易操作。如果你交易的商品有重大的报告即将发表，这种操作无疑是明智的。

下面迅速介绍一下该交易系统的特别之处。这个系统中，与止损点相比，目标价更接近当前价位，这恰恰与大多数交易系统相反，其他系统止损价很近，而目标价距离较远。也许这一点与你所知背道而驰，但你慢慢仔细思量，这个概念就显得妙趣横生。首先，动量让交易人沿着动量方向进行交易，交易人对交易的方向有绝对优势。因此，在触及遥远的止损点之前先实现更为接近的目标价，绝对是对交易人有利的。其次，趋势平衡点也可以作为止损点使用。如果市场运行对你的交易不利，在远未触及止损点前，通常就可根据TBP在收盘时进行反转。很多交易人都曾因一种情况不胜其烦：止损点太近而不断地被迫出局，然后才恍然醒悟，所有小额损失加起来常常耗费掉——甚至超过偶尔才遇上的一次大额赢利。而对这种系统来说，70%～80%的交易获得赢利是家常便饭。

我认识不少交易人，他们不由自主地想要行动，而从来不会坚守一个有效系统一用到底。还有一些交易人，证明自己绝少错误的需求远远大于他们赚钱的需求。因此，你有自己长期有效的赚钱之道，就要继续用下去。但是如果你同时还想换换，不想在每笔交易上都惨败，那么这个交易系统在很多方面都会有益。

市场交易人不必对有多少人也在用这个系统过分担忧，大多数情况下，价格都会达到目标值。如果在目标价上有大量的交易委托，而市场向止损价运行，那么任何下跌都是对交易人有利的。

技术交易系统新概念

市场上常常有大量的"限于收盘价"交易委托,因此多上几单委托也无关紧要。

虽然止损点很少达到,但为了避免止损订单委托过分集中在一个价位,可以选取0.9至1.00之间的常数与真实幅度相乘,用乘积作为真实幅度计算止损点。

以下示例是1978年3月的胶合板计算表。

	计算表说明
1977.8.19	收盘价210.80低于TBP值217.20,因此在收盘价建仓进行空头交易。
1977.8.22	208.54的目标价并未达到,而且收盘价依然低于TBP值214.50,因此继续持仓。
1977.8.23	在目标价208.00获利离场,然后在收盘价(低于TBP值209.80)再入场进行空头交易。
1977.8.24	在目标价200.50获利离场,然后在收盘价(依然低于TBP值)再入场进行空头交易。
1977.8.25	在目标价197.80获利离场,然后在收盘价196.30(高于TBP值)再入场进行多头交易。
1977.8.26	在目标价200.86(200.90)获利离场,然后在收盘价(高于TBP值)再入场进行多头交易。
1977.8.29	在目标价202.66(202.70)获利离场,然后在收盘价再入场进行多头交易。避免无聊,我们跳到亏损交易。
1977.9.1	在收盘价202.30(低于TBP)建仓进行空头交易。
1977.9.2	目标价和止损点都未触及,由于收盘价低于TBP,我们依然进行空头交易。
1977.9.6	目标价和损失点都未触及,但我们在收盘价205.50(高于TBP)反转至多头交易。
1977.9.7	实现目标价208.50,我们回到盈利状态,在收盘价208.50再次建仓进行多头交易。

日计算表

趋势平衡点系统

日期	开盘价	最高价	最低价	收盘价	MF	TR	$\bar{X}$	TBR	$\bar{X}-TR$ LG止损点
8.15.77M	206.50	207.80	206.20	206.80					
16	206.80	208	206.30	206.50		1.70			
17	208.40	212.50	208.40	212.	+5.20	6.00			
18	211	212.50	210	210.50	+4.00	2.50	211.		
19	211	212	208	210.80	-1.20	4.00	210.27	217.20	
22M	211	213	209	209.50	-1.00	4.00	210.50	218.50	
23	208.50	208.50	202.50	202.50	-8.30	7.00	204.50	209.80	
24	202	204	195.80	203	-6.50	8.20	200.93	208.50	
25	203	203	196	196.30	-6.20	7.00	198.43	196.	
26	195.50	202	195	199.50	-3.50	7.00	198.83	196.50	191.43
29M	200	206.50	200	206	9.70	7.00	204.17	190.10	191.83
30	206	209	206	208.80	9.30	3.00	207.93	196	197.17
31	210.40	210.90	209	209.30	3.30	2.10	209.73	215.30	204.93
9.1.77	209.30	209.30	202.30	202.30	-6.50	7.00	204.63	218.10	
2	201.50	205.40	201.30	205.20	-4.10	4.10	203.97	212.60	
5M	HOLIDAY								
6	206.50	207	205	205.50	3.20	2.00	205.83	198.20	
7	206	209.20	205.20	208.50	3.30	4.00	207.63	201.10	203.83
8	209.50	211	206.50	206.70	1.20	4.50	208.07	208.70	203.63
9	206	208	205	206.50	-2.00	3.00	206.50	211.80	
12M	207.70	208.20	206	206.80	.10	2.20	207.00	207.90	
13	206.50	206.50	201.50	201.50	-5.00	5.30	203.17	206.60	
14	201.50	204.20	200.50	203	-3.80	1.50	203.00	206.90	
15	203.	203.30	200.80	203.20	1.70	2.50	202.43	197.70	
16	203.50	204	202	202.70	-.30	2.00	202.90	199.20	199.93
19M	201	201	198.70	198.80	-4.40	4.00	199.50	202.90	200.90
20	201.60	201.60	198.60	200	-2.70	3.00	200.07	202.40	
21	200.50	201.30	199.20	200.60	1.80	2.10	200.37	196.10	
22	200	200	198.50	198.90	-1.10	2.10	199.13	197.30	198.27
23	199.50	201.80	196.50	201.50	.90	5.30	199.93	199.50	197.03
26M	201	203	201	201.50	2.60	2.00	201.83	197.80	194.63
27	201.80	206	201	206	4.50	5.00	204.33	202.40	199.83
28	206	206.30	203.80	204.30	2.80	2.50	204.80	204.10	199.33
29	204.10	205.30	203	205.20	-.80	2.30	204.50	208.80	202.30
30	205.50	206.30	203.60	203.80	-.50	2.70	204.57	207.10	
10.3.77M	205.30	209.50	205.20	209	3.80	5.70	207.90	204.70	
4	208.80	210.80	208.10	208.10	4.30	2.70	209.00	203.30	202.20
5	208.50	209.90	208.50	209.50	.50	1.80	209.30	212.80	206.30
6	210.50	213.90	210.20	213.40	5.30	4.40	212.50	212.40	211.10
7	213	213.20	209.60	211.40	1.90	3.80	211.40	210	208.10
10M	211.40	211.50	208.70	208.90	-4.50	2.80	209.70	215.30	207.60
11	208.50	211	207.50	208.10	-3.30	3.50	208.87	213.30	
12	207.80	208	203	203.50	-5.40	5.10	204.83	205.60	
13	202	203	199	199.10	-9.00	4.50	200.37	204.80	
14	198	202	197	201.60				198.10	195.87

商品：胶合板　　　　　　　　　合约月份：1978年3月

$2\bar{X}-L$	$\bar{X}+TR$	$2\bar{X}-H$	建仓	退出	
LG目标价	ST止损点	ST目标价			
	213.50	209.50	空头-210.80		
	214.27	208.54	持有		
	214.50	208.	空头202.50	208.	+2.80
	211.50	200.50	空头203	200.50	+2.00
	209.13	197.86	多头196.30	197.80	+5.20
200.86			多头199.50	200.90	+4.60
202.66			多头206	202.70	+3.20
208.31			多头208.80	208.40	+2.40
209.86			空头209.30	210.40	+1.60
	211.83	208.56	空头202.30	208.50	+1.40
	211.63	199.96	持有		
	208.07	202.54	多头205.50	205.50	-3.20
206.66			多头208.50	206.70	+1.20
210.06			空头206.70	210.10	+1.60
	212.57	205.14	空头206.50	205.10	+1.60
	209.50	205.00	持有		
	209.20	205.80	空头201.50	205.80	+.70
	208.47	199.84	持有		
	206.27	200.90	多头203.20	200.90	+.60
204.04			多头202.70	204	+.80
203.80			空头198.80	200.90	-1.80
	203.50	198.00	持有		
	203.07	198.54	多头200.60	200.60	-1.80
201.54			持有		
199.16			多头201.50	199.80	-.80
203.36			持有		
202.66			多头206	202.70	+1.20
207.66			持有		
205.80			空头205.20	205.30	-.80
	206.80	203.70	空头203.80	203.70	+1.50
	207.27	202.84	多头209	207.30	-3.50
210.60			多头208.10	210.60	+1.60
209.90			空头209.50	209.90	+1.80
208.70			多头213.40	211.10	-1.60
214.80			持有		
213.20			空头208.90	208.90	-4.50
	212.50	207.90	空头208.10	207.90	+1.00
	212.37	206.74	空头203.50	206.70	+1.40
	209.93	201.66	持有199.10	201.60	+1.90
201.74	204.87	197.74		197.70	+1.40

第六章
相对强弱指数

相对强弱指数（RSI）是配合日条图对图表从新维度进行解释的工具，反映了如下一些信息：

当RSI值高于70或者低于30时，分别表示到达顶部和底部。

在RSI图线上经常出现的图形形态，在条状图上反倒并不明显。

RSI波动未能达到70之上或30之下，是市场反转的强烈信号。

支撑线和阻力线经常先在RSI图上反映出来，然后才在条状图上出现。

RSI和价格在图上显示的背离，是市场即将发生转折的强烈信号。

在开始讨论如何计算RSI值之前，首先看看RSI所依据的动量概念。

动量摆动指标概念

动量摆动指标是许多技术分析师最有用的工具之一，是其衡量价格的方向运行速率。当价格急速上涨时，有时被认为是超买；当价格急速下跌时，有时被认为是超卖。在两种情况下，很快会发生调整或转向。动量摆动指标的大小与运动速率成正比，上、下运行的距离与运动的强度有关。

动量摆动指标通常用二维图表上的一条曲线表示。Y坐标（即纵坐标）表示指标运动的强度或距离；X坐标（即横坐标）表示时间。用这种方式表示动量摆动指标，是为了表

技术交易系统新概念

现在市场转折点时指标运动非常快，而当市场沿某一个方向运行时速度则减慢。

假设使用收盘价计算摆动量，并且每天的收盘价都在以完全相同的增幅急速上涨，指标曲线从某时刻起趋于平稳，最终成为水平线。当这种情况出现时，如果价格开始水平运动，则摆动指标也开始减小。

这里用一个简单的摆动指标公式（用当日的价格减去X日前的价格）来研究这个概念。以当日的价格减去10日前的价格为例。摆动量从零开始测量，如果10天前的价格高于当日价格，则摆动指标为负数；如果当日价格高于10天前的价格，则摆动指标为正数。

描述价格运动和摆动指标变化之间关系的最简易方法，就是比较曲线和价格运行的关系，然后按上述关系画出摆动点。

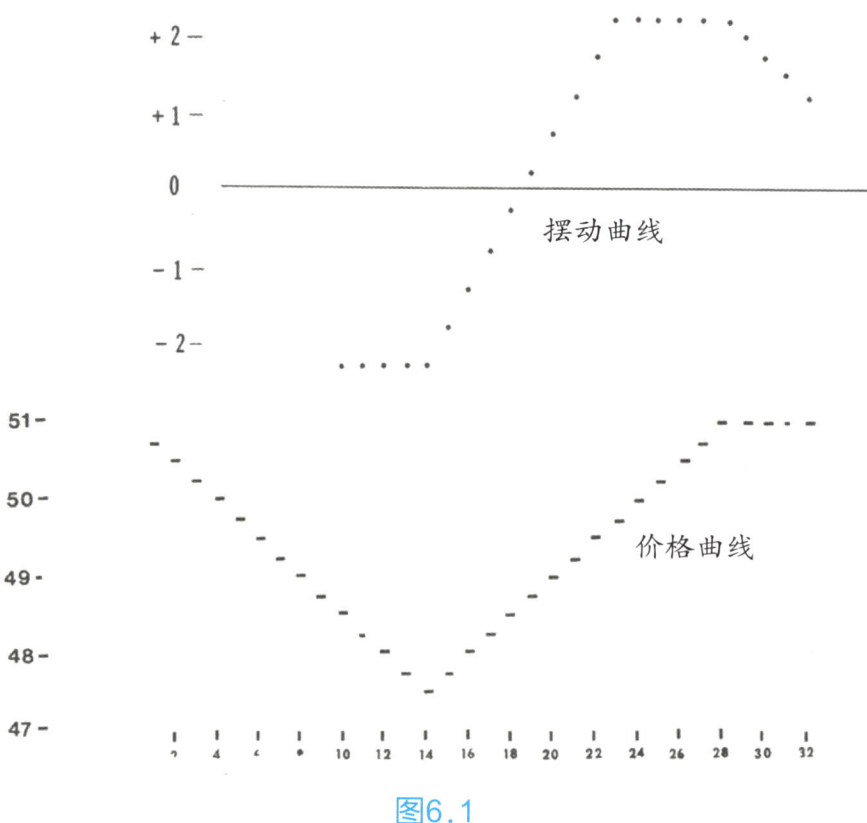

图6.1

技术交易系统新概念

图6.1中，从第10个交易日收盘价为48.50开始，而10个交易日前即第1个交易日的收盘价是50.75。计算10天的摆动指数，用当日收盘价48.50减去10个交易日前的收盘价50.75，即得到摆动指数-2.25，低于零线。按照这种步骤依次计算做图，最后得到摆动曲线。

这种假设情况下的摆动曲线很有趣。第10个交易日到第14个交易日之间，每天的价格匀速下降，因此摆动曲线呈水平状。到了第15个交易日，价格上涨25点，而摆动指数上涨50点，摆动指数的上涨速度是价格上涨速度的两倍。摆动量持续以相同速率上涨，但到第23个交易日变成了固定值，而价格仍以相同速度上涨。

第29个交易日发生另外一件有趣的现象，价格稳定在51.00，但摆动指数开始减小。如果价格继续水平方向盘整，摆动指数将会继续下降，直至10天后，价格和摆动指数都进行水平方向运行。

注意价格曲线和摆动曲线之间的相互影响。摆动曲线明显地超前价格曲线发生变化，其原因实际上是摆动指数衡量价格运动的变化速率。第14个交易日到第23个交易日之间，市场由跌转升，摆动指数显示价格的变化速率非常快。一旦10天前的价格已是触底反弹，变化的增量发生在一个方向上，那么变化速率也就降低了。

了解了摆动指标的特性，就会发现这是一个很有用的技术分析工具。但在推导出摆动指数时，会遇到三个问题。

第一个问题是在摆动指数的一般情况中会有异常运动。仍以10日摆动指数为例，假设10天前价格跌停，而假设今日价格与昨日收平，用今日收盘价减去前10日的收盘价，所得今日的摆动指数就高得离谱。为了解决这个问题，应当设法从摆动指数的计算中消减这些极端价格。

第二个问题是摆动指数是纵坐标上的使用标准，换句话说，多高算高？多低算低？每个商品的度量都不相同。要解决这个问题，就需要有适用于所有商品的共同要素，使摆动指数的强度发挥作用。

第三个问题是跟踪大量数据的必要性，这是三个问题中最不重要的，但是跟踪多种商品的交易人可能对大量数据不堪重负。

三个问题的答案就在相对强弱指数这一指标中。

相对强弱指数

相对强弱指数（RSI）的计算公式如下：
$$RSI = 100 - 100/(1+RS)$$
RS＝14个交易日中价格上涨的交易日之收盘价平均涨幅/14个交易日中价格下跌的交易日之收盘价平均跌幅

第一次计算RSI时，需要前14个交易日的收盘价，此后就只需要前一日的数据就可以。第一个RSI值的计算方法如下：

（1）将前14个交易日中收盘价上涨日的收盘价涨幅求和，再除以14，得到收盘价平均涨幅。

（2）将前14个交易日中收盘价下跌日的收盘价跌幅求和，再除以14，得到收盘价平均跌幅。

（3）将收盘价平均涨幅除以收盘价平均跌幅，得到相对强弱值（RS）。

（4）RS加1。

（5）用100除以RS＋1。

（6）从100中减去（5）中的结果，得到第一个RSI值。

此后计算RSI值时，只需要利用前一个收盘价平均涨幅和前一个收盘价平均跌幅进行计算即可。这种计算步骤对公式结果有缓和作用，其过程如下：

（1）计算下一个收盘价平均涨幅：将前一个收盘价平均涨幅乘以13，然后加上当日的收盘价涨幅（如有），再除以

14即可。

（2）计算下一个收盘价平均跌幅：将前一个收盘价平均跌幅乘以13，然后加上当日的收盘价跌幅（如有），再除以14即可。

第（3）、（4）、（5）和（6）步与计算第一个RSI时相同。

用图6.2的计算表就能很容易跟踪RSI的每日数据。

第1列是日期。

第2列是当日收盘价。

第3列是当日收盘价比前日的涨幅。（例如，第2日比第1日收高2.00，只有收盘价有增幅，才能在第3列填入数字。）

第4列是当日收盘价比前日的跌幅。（例如，第8日比前日收跌1.57，只有收盘价有跌幅，才能在第4列填入数字。）

第5列是收盘价平均涨幅。（到第15日就有足够信息计算RSI。把第3列的所有数字相加得到11.80，再除以14，就计算出前14天的收盘价平均涨幅0.84，填入第5列。）

第6列是收盘价平均跌幅。（经第4列的跌幅求和4.10，再除以14，得出平均跌幅0.29，填入第6列。）

第7列是用5列除以第6列所得的数字。（0.84÷0.29=2.90）

第8列是第7列数字加1.00。（2.90+1.00=3.90）

第9列是100除以第8列的值所得数字。（100÷3.90=25.64）

第10列是就是相对强弱指数，用100减去第9列的值。（100-25.64=74.36）

从第16日起就不需要考虑前14天的数据了，只要用前日的平均收盘涨幅和平均收盘跌幅就能计算RSI了。计算收盘价平均涨幅和跌幅的步骤如下：

在第16日，用第5列中的前一平均收盘涨幅0.84乘以13，再加上当日收盘涨幅（第3列），然后除以14.

日计算表
趋势平衡点系统

商　　品：＿＿＿＿＿＿

合约月份：＿＿＿＿＿＿

（1）日期	（2）收盘价	（3）上涨幅度	（4）下跌幅度	（5）平均上涨幅度	（6）平均下跌幅度	（7）(5)-(6)	（8）1+(7)	（9）100-(8)	（10）100-(9)
1	54.80								
2	56.80	2.00							
3	57.85	1.05							
4	59.85	2.00							
5	60.57	.72							
6	61.10	.53							
7	62.17	1.07							
8	60.60		1.57						
9	62.35	1.75							
10	62.15		.20						
11	62.35	.20							
12	61.45		.90						
13	62.80	1.35							
14	61.37		1.43						
15	62.50	1.13/11.80	/4.10	.84	.29	2.90	3.90	25.64	74.36
16	62.57	.07		.79	.27	2.93	3.93	25.45	74.55
17	60.80		1.77	.73	.38	1.92	2.92	34.25	65.75
18	59.37		1.43	.68	.46	1.48	2.48	40.32	59.68
19	60.35	.98		.70	.43	1.63	2.63	38.02	61.98
20	62.35	2.00		.79	.40	1.98	2.98	33.56	66.44
21	62.17		.18	.73	.38	1.92	2.92	34.25	65.75
22	62.55	.38		.71	.35	2.03	3.03	33.00	67.00
23	64.55	2.00		.80	.32	2.50	3.50	28.57	71.43
24	64.37		.18	.74	.31	2.39	3.39	29.50	70.50
25	65.30	.93		.75	.29	2.59	3.59	27.86	72.14
26	64.42		.88	.70	.33	2.12	3.12	32.05	67.95
27	62.90		1.52	.65	.42	1.55	2.55	39.22	60.78
28	61.60		1.30	.60	.48	1.25	2.25	44.44	55.56
29	62.05	.45		.59	.45	1.31	2.31	43.29	56.71
30	60.05		2.00	.55	.56	.98	1.98	50.51	49.49
31	59.70		.35	.51	.55	.93	1.93	51.81	48.19
32	60.90	1.20		.56	.51	1.10	2.10	47.62	52.38
33	60.25		.65	.52	.52	1.00	2.00	50.00	50.00
34	58.27		1.98	.48	.62	.77	1.77	56.50	43.50
35	58.70	.43		.48	.58	.83	1.83	54.64	45.36
36	57.72		.98	.45	.61	.74	1.74	57.47	42.53
37	58.10	.38		.45	.57	.79	1.79	55.87	44.13
38	58.20	.10		.43	.53	.81	1.81	55.25	44.75

图6.2

$$0.84 \times 13 = 10.92$$
$$+ 0.07$$
$$10.99 \div 14 = 0.79$$

所得值0.79就是新的平均收盘涨幅，填入第5列。

第16日的价格收高，平均收盘跌幅肯定低于前14天的平均值，但计算方法不变。用第6列的平均收盘跌幅0.29乘以13。由于第16日的收盘跌幅是0，无值可加，最后再除以14。

$$0.29 \times 13 = 3.77$$
$$+ 0$$
$$3.77 \div 14 = 0.27$$

第7列到第10列以此类推进行计算。

至此解释了如何计算每天的相对强弱指数，下面结合大多数摆动指数的三个内在问题，简要讨论它的特殊性：

（1）异常行为失误可以通过平均来消除，但由于平均收盘涨幅提高与平均收盘跌幅降低能够自动协调（反之亦然），RSI仍然能够充分反映价格运行。

（2）RSI值始终在0与100之间，多高算高、多低算低的问题也因此迎刃而解。这样对无论多少种商品的每日动能都可以用相同的标准进行相互比较，也能对同一种商品的前后高低价进行比较。最活跃商品的RSI值在纵坐标方向的上下波动幅度剧烈。

（3）是否需要保留巨量数据的问题也解决了。第一个RSI值求出后，以后交易日的RSI值就可以通过前一天的数据计算而出。

学习使用RSI指标很像看图说话。对图形运动和RSI指数之间的互动研究得越透彻，RSI所揭示的内容就越多，如果使用恰当，RSI就是解释图形运行的最佳工具。每天在条状图上做出RSI点，最后连点描线就得到所谓的RSI线。

下面看看RSI指标与众不同的作用，首先指标本身就说明了：

(1) **顶部和底部**

RSI指标超过70或者低于30时，就反映顶部或底部临近。RSI的顶部和底部往往比市场实际的顶部和底部更早出现，表明反转或至少是较大的回调迫在眉睫。

(2) **图表形态**

RSI指标能够反映条状图上不太明显的图形形态，例如头肩顶和头肩底、旗形和三角形，这些形态通常反映出突破点和买卖点。

(3) **震荡失败**

震荡未能达到70以上或30以下是市场强烈的反转信号（图6.2、图6.3）。

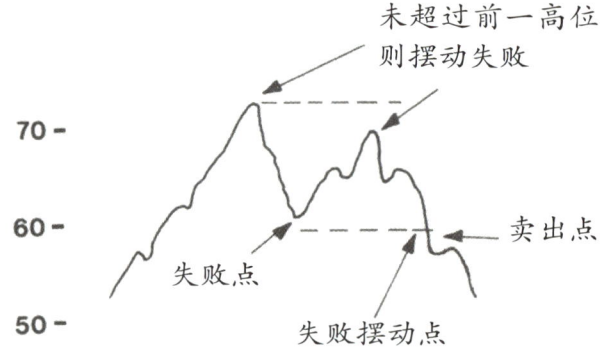

图6.3　顶部

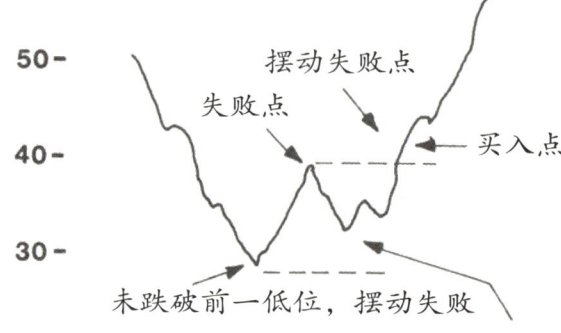

图6.4　底部

其次，RSI指标结合条状图可以确定如下关系：
（1）支撑位和阻力位

支撑位区间和阻力位区间往往在条状图上还未明确显示时，就在RSI图表上清楚地反映出来。实际上，利用RSI点画出的支撑线和阻力线一般近似于条状图上的点画出的趋势线。

（2）背离

价格与RS1值之间的背离是市场发生转折的非常强烈的信号。RSI值上涨而价格运行呈水平状或下跌时，则发生背离。反之，当RSI值下跌而价格运行呈水平状态或上涨时，亦发生背离（注意图6.5 6月白银所示，条状图和RSI在几次重要的市场转折点都发生背离现象）。

为了说明以上RSI的五种图形解释作用，我们来研究1978年6月的芝加哥白银：

（1）顶部和底部

主要底部在8月15日出现时，RSI值也跌至30以下。随后几天内，RSI值和价格运行发生背离，表示转折点来临。主要顶部出现在11月9日，而此前RSI值升就达到70以上。1月24日出现顶部之前RSI值未能突破70，表明这个顶部不如前一个顶部影响重大，并且表明市场要么酝酿着下一个更大的顶部，要么表示长期涨势已见式微。

（2）图形形态

注意RSI在10月份出现旗形，这在条状图上并不明显。突破这一形态表明会立即出现沿着突破方向的运动，另外还要注意整个大的旗形在RSI图线上有许多支撑点。这一形态的重大突破标明会出现下一轮大趋势运动。

（3）摆动失败

RSI高于70或低于30之后，未能再达到该值的摆动都非常重要。注意图中当RSI达到70时，很快就回落至58。只要主要摆动的最高点和最低点未被突破，那随后出现几个小震荡都是司空见惯的情况。当58这个价位被向下突破之后，摆动失

败完成。8月15日的低点上，RSI值上涨到41。经过数次小幅度摆动后，41的位置在8月26日被上行突破。

（4）支撑位和阻力位

条状图的趋势线反映在RSI图表上就是支撑线。注意10月及部分11月的摆动低价形成的支撑线，能够验证条状图上趋势线。11月4日可能突破趋势，这要看是谁在其上线了。但RSI的支撑线并没有证实这一点。

（5）背离

并不是在每个反转点都发生背离，但是在大多数重要反转点都伴随着背离发生。在方向明确的运行之后如果出现背离，就是临近转折点的强烈信号，背离是RSI指标最有预示作用的特色。注意11月9日的顶部，其预示信号就是RSI值超过70，并随后发生背离。另外摆动失败也证实了这一点，旗形被突破且跌破了支撑线。

RSI指标与条状图结合使用为图形提供了新的解释维度。没有哪种信号工具、方法或交易系统能够一直准确无误，成功的交易者要借助几种不同工具进行决策，问题常常就成了如何选取两三种最合适的工具，说到这点，RSI指标是有助于决策的宝贵工具。

第七章
趋势调整系统

趋势调整系统名副其实——既是反趋势交易系统、又是趋势交易系统，操作的通常状态是趋势调整（反趋势）。在趋势调整模式，于弱势买入、强势卖出，在所有买入点和大部分卖出点发生反转，而在趋势交易状态下不发生反转，但是在移动止损点离场。

该交易系统提供了大量的交易机会，平均每两三天就能交易一次。这种系统在一种市场上大显神威，而大多数的交易系统都难有收获，即那些极不稳定的市场，时而无方向的调整，又突然创出新高或新低，方向运行指数较低。

该交易系统的特性就是在无方向市场中获利；但在市场突然形成方向运行且变化极快时，又可以自动转为趋势跟踪状态，顺应大势；当趋势停止时，系统又变成无趋势或趋势调整状态。

在讨论交易规则之前，先分析系统的一个几何图来理解这个概念，这也是价格操作点的基础。每个交易日的最高价、最低价和收盘价都会产生下一个交易日的四个价格操作点，但这些点仅对第二天有效，操作点是以当日最高价、最低价和收盘价的平均值为基础，计为 $\overline{X}$。

$$\overline{X}=(H+L+C)/3$$

四个价格操作点是：

(1) B_1（买点）$=2\overline{X}-H$

(2) S_1（卖点）$=2\overline{X}-L$

(3) HBOP（上方突破点）$=2\overline{X}-2L+H$

(4) LBOP（下方突破点）$=2\overline{X}-2H+L$

以上四个价格操作点的几何关系如图7.1所示。

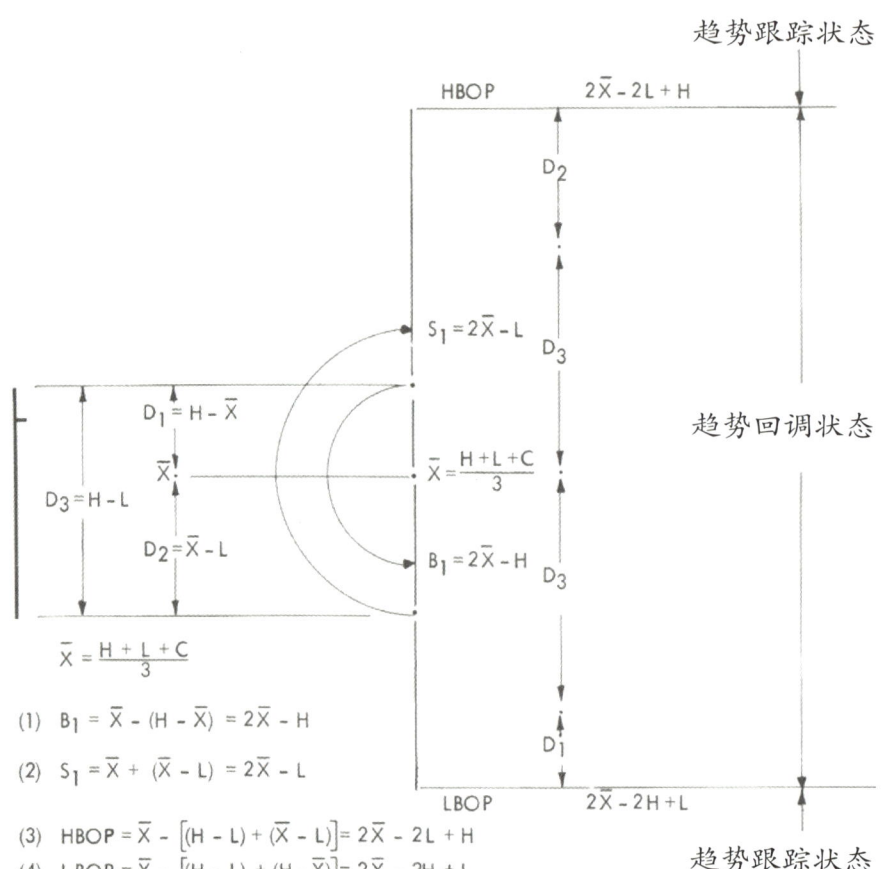

图7.1

每个价格操作点都是由D1、D2、D3三个距离所决定。

（1）D1：从平均价$\bar{X}$到最高价的距离。买入点B1是由$\bar{X}$点为轴心，将D1向下旋转180度所定之点。

（2）D2：从平均价$\bar{X}$到最低价的距离。卖出点S1是以$\bar{X}$点为轴心，将D2向上旋转180度所定之点。

（3）D3：从最高价到最低价的距离。

上方突破点HBOP是由$\bar{X}$点为起点，向上加D3和D2两段距离所定之点。

下方突破点LBOP是由$\bar{X}$点为起点，向下加D3和D1的距离所定之点。$\bar{X}$点是四个价格操作点的起始点，见图7.1。

在讨论何时建仓之前，先看看价格作用与四个价格操作点之间的关系。趋势调整交易系统的一般状态是趋势状态，某交易日产生的四个价格操作点仅对下一个交易日有效。当下一个交易日价格被限定在HBOP和LBOP的范围之内时，系统处于趋势跟踪状态，因此，在B1买进，在S1卖出。

如果下一个交易日的价格突破了HBOP或LBOP，系统就自动转变为趋势跟踪交易系统。一旦进入趋势状态，止损点的位置就远离前两个交易日的价格。（如果价格突破HBOP，移动止损点就是前两个交易日的最低价位；如果价格突破LBOP，则移动止损点就是前两个交易日的最高价位。）用移动止损点沿突破方向跟踪价格，当价格在突破后进行充分调整且触及移动止损点，就在移动止损点离场，系统将回到趋势跟踪状态，并一直持续到另一个突破发生。

这一交易系统依据的是随机价格运动的重复特性，也就是三天涨、两天降，这种现象在无方向市场或缓慢的趋势市场中是很常见的，由于某些原因，随机价格运动在孕育上涨的时间超过孕育下跌的时间，看来大多数价格运行都是这样，就是说，价格的下跌比上涨表现得更为严重，而且其过程也更短。通常，明确的方向运行一开始在第一天就显示为价格大幅度增长。当这一现象出现时，突破点将被击穿，交易系统将进入趋势运行状态，直至第一次调整出现——此时，系统又将自动地成为调整状态。

现在讨论何时进入市场的问题。首先看看最近两三周的价格，选择重要低价（图7.2）。

将所选的这个交易日下注明"B"。

下一个交易日注明"O"。

再下一个交易日注明"S"。

依次注明"B"、"O"、"S"、"B"、"O"、"S"、"B"、"O"、"S"（依次表示九个交易日），继续标注，直至当前交

图7.2

易日为止。

如果市场大盘处于下跌趋势,找到近两三周内的重要高价,并在其下标注"S",下一个交易日标注"B",再下一个交易日标注"O",依此类推。

另一种标注"B"、"O"、"S"的方法是(突破后)改变排序或经过验证之后,稍后再解释。

以下是趋势回调系统的交易基本原则。

在调整状态下:

(1)仅在标注"B"的交易日中开始多头(买入)。

(2)仅在标注"S"的交易日中开始空头(卖出)。

(3)在标注"O"的交易日中不建仓,除非发生了HBOP或LBOP的突破。

(4)多头将在标注"O"的交易日中结束或在标有"S"的交易日中发生反转。

(5)空头将在标注"B"的交易日中反转。

(6)在B_1建立的头寸之目标价位和反转点始终是S_1。

(7)在S_1建立的头寸都是在B_1实现目标价位并发生反转。

在趋势状态下:

(1)HBOP和LBOP两个突破点是调整状态下所建仓位的止损点和反转点,也是建立新头寸的位置。只要发生了

技术交易系统新概念

HBOP或LBOP的突破，就开始建仓。

（2）在趋势跟踪状态下任何头寸的止损点始终是移动止损点，但移动止损点并非反转点。

现在来讨论所用的规则。假设前面的数个交易日已标注了"B"、"O"、"S"，准备在调整状态下运用该系统进行交易。然而，如果第一个交易日标记了"O"，根据规则，不能在这天建仓，因此要计算4个价格操作点，找到下一个"S"交易日。在这一天中，只能进行空头交易，并且只能在价格触及S_1卖点时进行。如图7.3所示，第2个交易日价格触及S_1，建立空头仓位。

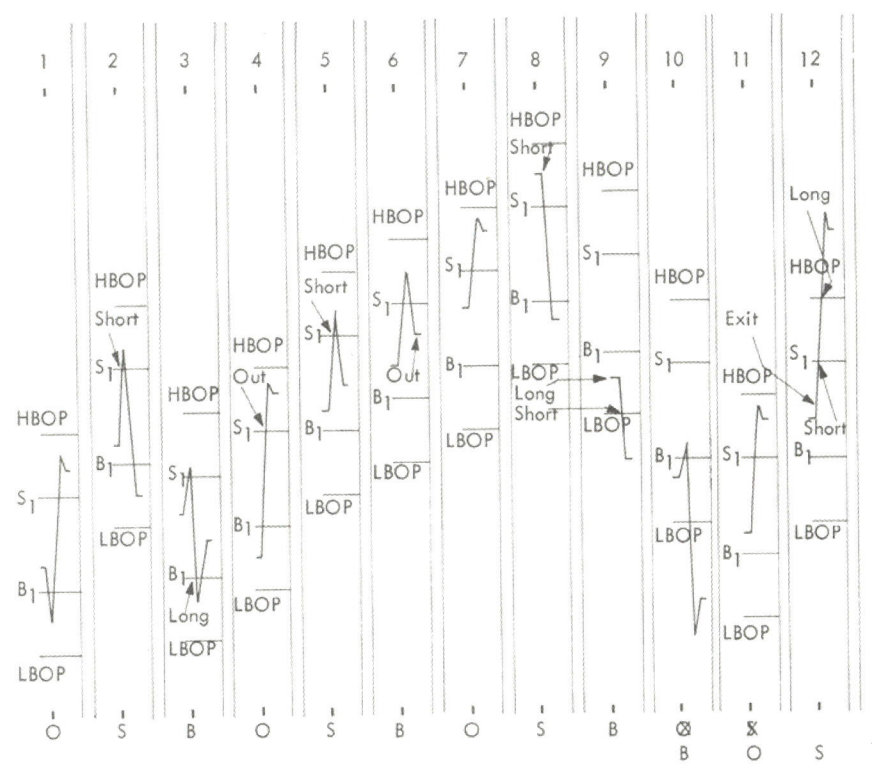

图4.13

第2个交易日下跌，穿过B_1目标值，然而因为不能在建仓当日了结交易，所以必须等待下一个"B"交易日获利了结，并且在B1发生反转。

第3个交易日,即"B"交易日,价格下跌触及B_1买点,反转成为多头,只能在"B"交易日买入。

第4个交易日,价格继续上涨超过S_1卖点,因此在S_1获利了结,因为只在"O"交易日S_1才能成为目标价。在调整状态下,"O"交易日不反转交易也不建仓。

第5个交易日,"S"交易日,在S_1点建空头头寸。

第6个交易日,"B"交易日,未触及B_1买点,因此在该交易日的收盘价位了结头寸。

第7个交易日,"O"交易日,不能开始新的交易,除非突破点价位被突破。如果发生这种情况,则建仓,系统进入趋势跟踪状态,并且启用移动止损点。但是在该交易日并未发生这种情况,因此继续处于调整状态,

第8个交易日,"S"交易日,开盘高于S_1点,因此在开盘价位建立空头。价格随后直落至B_1之下,并以最低价位收盘。因为不能在建仓当日了结(除非发生击穿突破点的情况),第8个交易日仍持有仓位。

第9个交易日,开盘价低于B_1,因此在开盘价位处反转原来的空头交易建立多头。价格继续下跌,直至击穿LBOP,这时转为空头。现在系统进入趋势跟踪状态,使用移动止损点持有空头头寸。

在发生突破的交易日,使用前两个交易日中的最高价作为移动止损点。当日收盘后,比较当日最高价和前一日最高价相,较高者就是下一个交易日的移动止损点。

第10个交易日和第11个交易日,移动止损点未被触及,就一直持有空头头寸。

到了第12个交易日,价格反弹,在移动止损点(第11个交易日的最高价)离场。但是不进行反转交易,系统再一次进入了调整状态(无趋势)。

排序技术
（仅随趋势跟踪状态之后使用）

现在讨论该交易系统一个非常重要的内容——排序技术，之前还没有说明过，其规则如下：

（1）在空头趋势状态（由突破LBOP开始）中达到最低价的交易日，标记为"B"；

（2）在多头趋势状态（由突破HBOP开始）中达到最高价的交易日，标记为"S"。

空头趋势跟踪状态下，第10个交易日达到了最低价，则重新将这个交易日标记为"B"（原标记为"O"）。按照这个顺序，第11个交易日标记为"O"，以此类推。

还有另一个重要内容，假设第11个交易日的价格继续上升，最后突破HBOP。这种情况下，在HBOP应当按趋势跟踪状态之规则建立多头头寸。第11个交易日的移动止损点就是第11个交易日的最低价。因此，有可能从空头趋势跟踪状态直接进入多头趋势跟踪状态，或者相反，中间不用经过调整状态的建仓。

第12个交易日是"S"交易日，在S1处建立空头头寸，然而，价格继续与所建头寸相反方向运行，直至突破HBOP，因此在HBOP发生反转并建立多头，这样又返回了趋势跟踪状态，使用移动止损点，继续跟随价格上涨。

假设价格继续上涨两天，然后回调，交易在移动止损点了结，回到调整状态。这时应当确保我们的排序正确。达到最高价的交易日的应当标记"S"。如果"S"日恰好是前一次排序的"S"日，那么就不做任何调整；如果按照原来的排序计算不是"S"交易日，则应将其重新标记为"S"交易日，接下去按"B"、"O"、"S"、"B"、"O"、"S"顺序标记。

技术交易系统新概念

另一个重要的问题就是，能否在趋势跟踪交易了结当日开始调整状态交易？答案是肯定的，只要在最低价交易日或最高价交易日，就可以在调整状态下建仓。

如果在空头趋势跟踪状态下的止损离场，最低价交易日将标记"B"，下一个交易日将标记"O"，这表明直至下一个"S"交易日出现时重回调整状态进行交易。反之，如果在多头趋势跟踪状态下的了结交易，最高价交易日将标记"S"，下一个交易日将标记"B"。然而，并不能在这个"B"交易日中建仓，因为不到收盘无法确认前一日是否是最高价交易日。

至此我们基本了解了这个系统，下面将列出完整的规则。根据前面的讨论，认真理解这些规则，复习一下步骤，做些算数，再在计算表上举例演算。

调整交易系统规则

一般规则

以调整状态开始交易。当价格突破HBOP或LBOP时，进入趋势跟踪状态。直至触发移动止损点，一直处于趋势跟踪状态。在触及移动止损点时，不发生反转。如果需要，则调整标记相位，再返回调整状态。

调整状态

排序：

1.在开始第一次交易之前，选取近两周至三周内的重要低价，将这一交易日标记为"B"交易日，将之后的交易日依次标记为"O"、"S"、"B"、"O"、"S"，等等。

2.如果前一个最高价非常重要，就将这个交易日标记为"S"交易日，将之后的交易日依次标记为"B"、"O"、"S"，等等。第一次排序也可以按照以下规则确定。

3.当价格穿透突破点HBOP或LBOP，如果有必要，则按下列规则调整排序：

（1）在多头趋势跟踪状态下，将达到最高价的交易日标记为"S"交易日，之后依次标记"B"、"O"、"S"等等。

（2）在空头趋势跟踪状态下，将达到最低价的交易日标记为"B"交易日，接着依次标记"O"、"S"、"B"，等等。

建仓位置

1.仅在"B"交易日，于B_1建多头仓位。

2.仅在"S"交易日，于S_1建空头仓位。

退出位置（不反转）

1.对于多头头寸

（1）在"O"交易日的S_1位置；

（2）在"S"交易日如未触及S_1（反转点），则在收盘价处；

（3）除非触及LBOP（当日即反转）不在建仓当日离场。

2.对于空头头寸

（1）在"B"交易日如果B_1（反转点）未被触及，则在收盘时；

（2）除非触及HBOP（当日即反转），不在建仓当日离场。

反转

1.对于多头头寸

（1）"S"交易日的S_1位置；

（2）任何交易日的LBOP位置。

2.对于空头头寸

（1）"B"交易日的B_1位置；

（2）任何交易日的HBOP位置。

趋势跟踪状态

建仓位置

1.任何交易日的HBOP建多头仓位。

2. 任何交易日的LBOP建空头仓位。

退出位置

1. 多头在移动止损点（前两个交易日的最低价）离场，这仅是止损点不是反转点。

2. 空头在移动止损点（前两个交易日的最高价）离场，这仅是止损点不是反转点。

反转位置

在趋势跟踪状态下，不发生反转。

在我们对系统进行数学解释之前，先阐述一下每个交易日的交易选择。

"B"交易日内，假设在B_1建立了多头仓位。在同一个交易日，该仓位不能在S_1位置清仓。在"B"交易日离场的唯一条件是价格与仓位相反方向大幅度运动、与LBOP交叉，并在LBOP价位反转为空头。如果在"B"交易日内价格向有利于方向运行，收盘后，用最高价、最低价和收盘价计算价格操作点，以备次日、即"O"交易日之用。

"O"交易日有两种选择，如果价格沿有利于方向运行、触及S_1，就在此处获利离场——并不进行反转。如果价格击穿突破点，系统进入趋势跟踪状态，随后利用移动止损点跟踪价格。如果在"O"交易日，价格并未接触S_1，亦未击穿突破点，则不进行任何操作。收盘之后，同样为下一个"S"交易日计算其价格操作点。

"S"交易日，必须设法了结多头仓位。在"S"交易日，有三种交易方式可选。如果价格继续沿着有利方向发展、触及S_1卖出点，则在这一位置反转交易。如果价格击穿突破点，则系统转变成为趋势跟踪状态。如果价格并未按照上述两种方式发展，则在收盘退出，但是不进行反转交易。在这种情况下，就要准备在下一"B"交易日的B_1价位建立多头仓位（如果在"B"交易日中，价格并未下跌到B_1，则不进入市场交易）。

现在，假定于"S"交易日的S_1位置反转交易。一旦发生反转，止损点就是HBOP，在HBOP反转成为多头，进入趋势跟踪状态。如果价格下跌、在"S"交易日触及B_1，也不用了结空头，而是继续持有空头。也就是说，"S"交易日收盘时仍然持有空头头寸，计算下一个"B"交易日的价格操作点。

在"B"交易日，必须设法了结空头头寸。如果在"B"交易日，价格下跌到B_1，则从空头转为多头。一旦持有多头头寸，止损点价位就是LBOP；LBOP也是反转点，系统进入趋势跟踪状态，并反转成为空头。然而，如果在"B"交易日价格并未下跌到B_1位置使空头反转，也未上涨至HBOP使系统进入趋势跟踪状态，则在收盘时了结离场。如果发生了这样的情况，在下一个"O"交易日内就不进行新的交易，而是等着在"S"交易日的S_1位置建立空头头寸。如果价格在"S"交易日并未达到S_1，则仍在场外观望，于下一个"B"交易日在B_1建立多头仓位。

在价格触及HBOP或LBOP的任何一天，系统自动进入趋势跟踪状态，并仅按照趋势跟踪状态下的交易规则操作，直至根据移动止损点离场。

通常，会在调整状态下进行反转或建仓进入趋势跟踪状态。然而，如果在调整状态下并未入市，价格有可能在HBOP之上或LBOP之下开盘。这时，可以建立多头头寸或空头头寸。这是不在调整状态下反转而直接进入趋势跟踪状态的唯一方法——如果此前并不持有头寸。

看看以下图表和计算表中说明的示例。

第1天的价格如下：

最高价：51.50　　最低价：50.50　　收盘价：50.50

用第1天的价格来计算第2天的价格操作点。

日计算表
趋势调整系统

日期		开盘价	最高价	最低价	收盘价	$\bar{X}$	$2\bar{X}-H$ B_1	$2\bar{X}-L$ S_1	$2\bar{X}-2L+H$ HBOP	$2\bar{X}-2H+L$ LBOP
1	S	51.00	51.50	50.50	50.50					
2	B	50.50	51.00	50.00	51.00	50.83	50.16	51.16	52.16	49.16
3	O	51.00	51.20	50.50	51.00	50.67	50.34	51.34	52.34	49.34
4	S	51.10	51.50	50.50	50.50	50.90	50.60	51.30	52.00	49.90
5	B	51.00	51.00	50.10	51.00	50.83	50.16	51.16	52.16	49.16
6	O	50.50	50.50	49.00	49.50	50.10	50.40	51.30	52.20	49.50
7	S	49.50	49.50	48.00	48.00	49.67	48.84	50.34	51.84	47.34
8	B	48.00	48.50	47.50	47.80	48.50	47.50	49.00	50.50	46.00
9	OB	47.20	48.20	47.00	48.20	47.93	47.36	48.36	49.36	46.36
10	O	48.50	49.50	47.70	49.50	47.80	47.40	48.60	49.80	46.20
11	S	49.80	50.50	49.00	49.20	48.90	48.30	50.10	51.90	46.50
12	B	49.00	49.75	48.80	49.40	49.57	48.64	50.14	51.64	47.14
13	O	49.50	50.30	49.30	50.30	49.32	48.89	49.84	50.79	47.94
14	S	50.00	50.80	49.60	49.80	49.97	49.64	50.64	51.64	48.64
15	B	49.80	50.50	49.20	50.20	50.07	49.34	50.54	51.74	48.14
16	O	50.00	50.20	49.50	50.10	49.97	49.44	50.74	52.04	48.14
17	S	49.80	49.80	48.90	48.90	49.93	49.66	50.36	51.06	48.96
18	B	49.00	49.50	48.50	49.20	49.20	48.60	49.50	50.40	47.70
19	O	49.50	49.80	49.00	49.20	49.07	48.64	49.64	50.64	47.64
20	S	49.00	49.70	48.80	49.30	49.33	48.86	49.66	50.46	48.06
21	B	49.40	49.85	49.00	49.20	49.27	48.84	49.74	50.64	47.94
						49.35	48.85	49.70	50.55	48.00
22	O	49.50	50.00	49.00	49.50					
23	S	49.50	50.00	49.00	49.50	49.50	49.00	50.00	51.00	48.00
24	B	49.50	50.00	49.00	49.50	49.50	49.00	50.00	51.00	48.00
25	O	49.50	50.00	49.00	49.50	49.50	49.00	50.00	51.00	48.00
26	S	49.50	50.00	49.00	49.50	49.50	49.00	50.00	51.00	48.00
27	B	49.50	50.00	49.00	49.50	49.50	49.00	50.00	51.00	48.00
28	O	49.50	50.00	49.00	49.50	49.50	49.00	50.00	51.00	48.00
						49.50	49.00	50.00	51.00	48.00

商品：_____　　　　合约月份：_____

建仓	退出	盈亏	操作和下单
多头 50.16			
空头 51.30	51.30	+1.14	
多头 50.16	50.16	+1.14	+2.28
空头 49.50	49.50	-.66	+1.62
	48.50	+1.00	+2.62
空头 50.0			
	49.40	+.50	+3.12
空头 50.64			
多头 49.34	49.34	+1.30	+4.42
	48.90	-.44	+3.98
多头 48.60			
	49.64	+1.04	+5.02
空头 49.66			
	49.20	+.46	+5.48
空头 50.00			
多头 49.00	49.00	+1.00	
	50.00	+1.00	
空头 50.00			
多头 49.00	49.00	+1.00	
	50.00	+1.00	

技术交易系统新概念

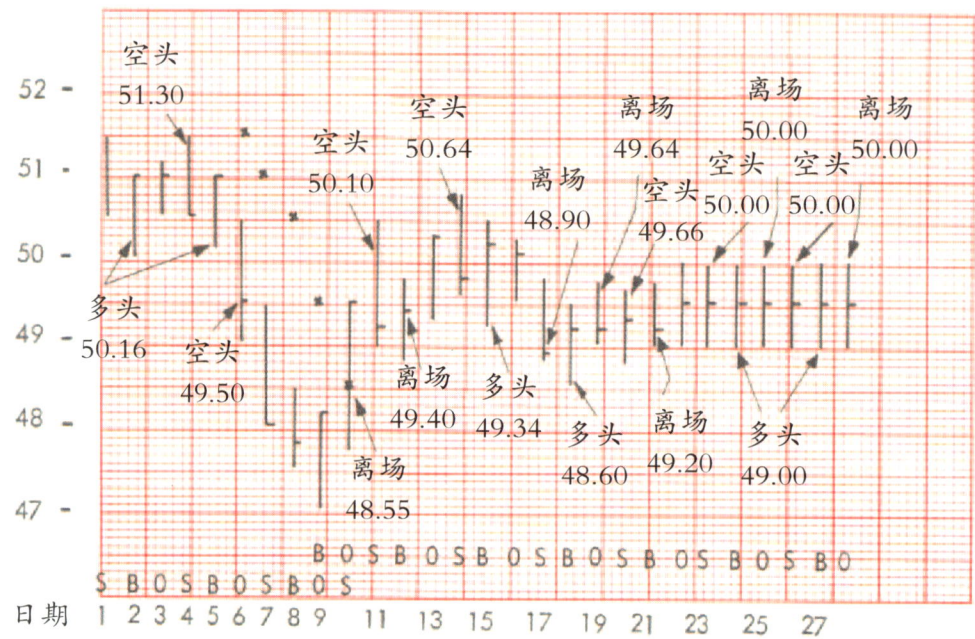

图7.4

$$\overline{X} = (H+L+C)/3$$
$$= (51.50+50.50+50.50)/3$$
$$= 152.50/3 = 50.83$$

$$B_1 = 2\overline{X} - H$$
$$= 2(50.83) - 51.50$$
$$= 101.66 - 51.50 = 50.16$$

$$S_1 = 2\overline{X} - L$$
$$= 2(50.83) - 50.50$$
$$= 101.66 - 50.50 = 51.16$$

$$HBOP = 2\overline{X} - 2L + H$$
$$= 2(50.83) - 2(50.50) + 51.50$$
$$= 101.66 - 101.00 + 51.50$$
$$= 52.16$$

$$HBOP = 2\overline{X} - 2H + L$$
$$= 2(50.83) - 2(51.50)\,50.50$$

$$=101.66-103.00+50.50$$
$$=49.16$$

计算了第2天用的四个价格操作点,将其填入相应的空格中。本例中,假设第1天是"S"交易日,以此第2天就是"B"交易日。

第2天是"B"交易日,因此仅关注四个交易操作日中的三个:即B_1、LBOP和HBOP。在"B"交易人尽量在50.16进入多头交易,止损点和反转点是LBOP的49.16。

第2天价格达到B_1,在50.16进入多头交易,当日收盘后计算第3天即"O"交易日的四个价格操作点,如果在"O"交易日达到S_1就要离场。

第3天的最高价达到51.20,并未达到S_1的目标价51.34。计算第4天的四个价格操作点,注意第4天的S_1是51.30。

第4天价格达到$S_1$51.30,在此处反转为空头交易,也要确定止损点和反转点HBOP为52.00。

第5天是"B"交易日,在$B_1$50.16出反转空头为多头交易。止损和反转点为LBOP49.16。

第6天价格突然大跌,跌破LBOP59.50,在此时转为空头交易,并进入趋势跟踪状态。立即确定当日的止损点为51.50,即前两天的最高价。

第7天的移动止损点为51.00。

第8天的移动止损点为50.50,第9天的移动止损点为49.50,到第10天在移动止损点48.50退出交易。既然是趋势跟踪状态,就不进行反转,就在止损点退出交易。在趋势跟踪状态止损退出后的第一件事就是检查排序,看看是否需要调整。这种状态下的最低价出现在第9天,上一次排序为"O"交易人,市场在第10天收盘后,能够确认第9天依然是空头趋势跟踪状态下的最低价日,因此将第9天标记为"B"交易日,第10天为"O"交易日,第11天为"S"交易日,以此类推。

退出趋势跟踪状态后自动回到调整状，第10天是"O"交易日，不在当日建仓，因为价格突破HBOP或者LBOP。

第11天价格达到$S_1$50.10，在此建立空头交易。

第12天是"B"交易日，要在B148.64回补空仓，市场并未跌至该价位，因此在当日收盘价离场，因为未达到B1，不建立多头头寸。

第13天是"O"交易日，不能入市，在"S"交易日出现前保持中立，除非价格突破HBOP或LBOP。

第14天在$S_1$50.64卖空。

第15天的"B"交易日在$B_1$49.34处反转空头为多头。

第16天是"O"交易日，S_1目标价为实现，因此持有仓位，（注意第17天也是"S"交易日的S1低于第16天，因为第16天的运行未能持续，因此降低了第17天的目标价。）

第17天的价格依然未能达到降低的目标价，因此在当日收盘时退场。

第18天是"B"交易日，价格达到B_1，因此建立多头头寸。

第19天是"O"交易日，价格实现S_1目标价49.46，能够离场，而不进行反转。

第20天在$S_1$49.66处建立空头头寸。

第21天未能达到$B_1$48.84，因此在收盘价49.20处退出空头交易。注意，即使未能达到B_1或S_1，系统往往也能带来利润。

第22天是"O"交易日，价格也未突破HBOP或LBOP，因此不建仓。

现在来看看在极端整理市场会发生什么现象，来换个角度。这种市场就是每天的最高价、最低价和收盘价都完全相同，第22天是"O"交易日，到第23天才能建仓。

在$S_1$50.00建立空头交易；第二天在$B_1$49.00反转；第25

天是"O"交易日，在50.00获利了结；第26天是"S"交易日，在50.00建立空头头寸；第27天在B_1 49.00进入多头交易；第28天是"O"交易日，在S_1 50.00离场。这个示例说明了趋势调整系统的内在特性，能在方向不清的无趋势市场有所收获。这种市场通常是"暴风雨前的平静"，随之会出现剧烈的突破。如果在突破发生时利用这种系统交易，无疑会不枉此行。

简单说一下上述例子，在突破价位入市，在移动止损点离场，但实际操作这种系统，要不断加大以下几个价位之间的距离，相差几个几点：

（1）HBOP
（2）LBOP
（3）移动止损

我希望能够介绍这种系统，希望读者能理解，哪怕需要多看几遍。

以下是1977年5月大豆粉的图，说明了这种系统的实际应用。我认为你会同意这种方法值得努力掌握。

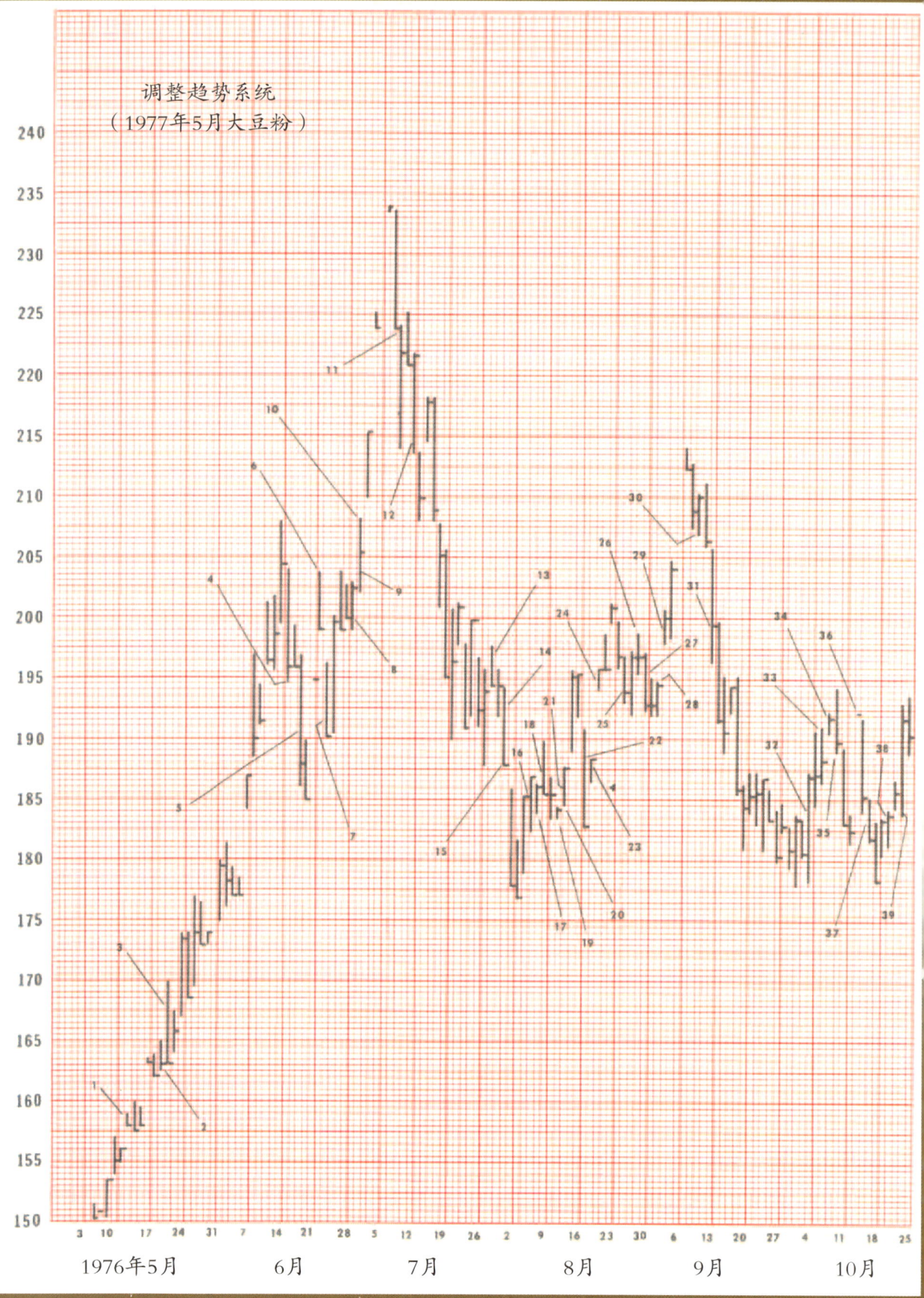

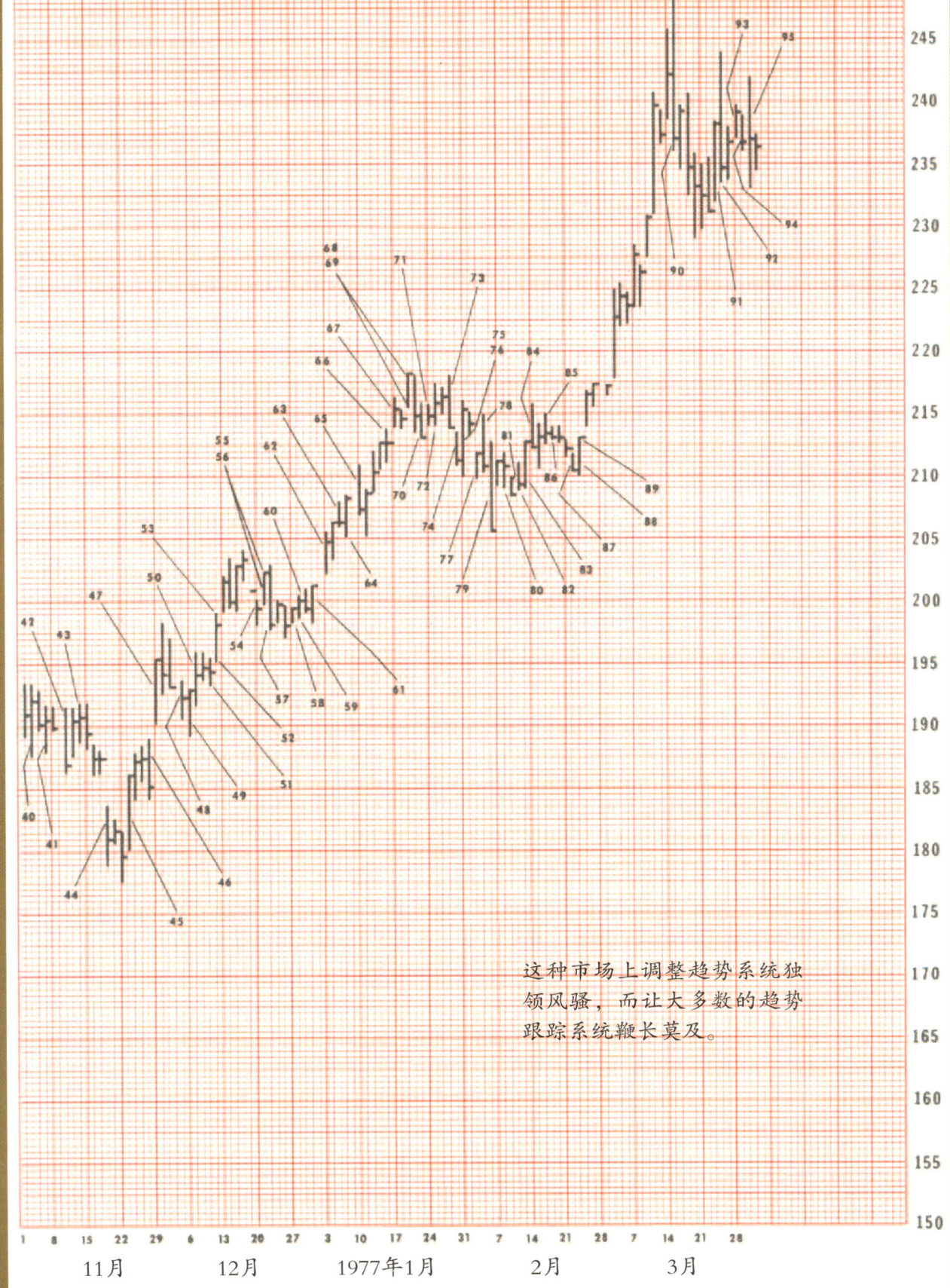

这种市场上调整趋势系统独领风骚,而让大多数的趋势跟踪系统鞭长莫及。

技术交易系统新概念

1977年5月大豆粉 （趋势调整系统）

图号	BOS排序	头寸	价格	买卖信号	盈亏	合计
1	O	多头	159.00★	HBOP		
2	B	离场	162.70★	T-stop	+3.70	
3	O	多头	167.90★	HBOP		
4	O/B	离场	194.80	T-Stop	+26.90	+30.60
5	S	空头	191.10	LBOP		
6	S	离场	204.00★	T-Stop	-12.90	+17.70
7	B	空头	192.10	LBOP		
8	S	离场	201.00★	T-Stop	-8.90	+8.80
9	S	空头	204.00	S1		
10	S	多头	208.20	HBOP	-4.20	+4.60
11	S/B	离场	223.50	T-Stop	+15.30	+19.90
12	S	空头	214.80	LBOP		
13	S/O	离场	197.20	T-Stop	+17.60	+37.50
14	B	多头	192.30	B1		
15	B	空头	188.10	LBOP	-4.20	+33.30
16	O/S	离场	185.70	T-Stop	+2.40	+35.70
17	B	多头	184.00	B1		
18	O	离场	187.30	S1	+3.30	+39.00
19	B	多头	183.60	B1		
20	O	离场	184.70	S1	+1.10	+40.10
21	O	多头	185.90	HBOP		
22	O	离场	188.80	T-Stop	+2.90	+43.00
23	S	空头	188.30	S1		
24	B	离场/多头	194.50★	S1/HBOP	-6.20	+36.80
25	O/B	离场	194.00★	T-Stop	+0.50	+37.30
26	S	空头	199.00	S1		
27	B	多头	195.30	B1	+3.70	+41.00
28		离场	195.00★★		+0.30	+41.30
29	B	多头	198.90	HBOP		
30	S/B	离场	207.30	T-Stop	+8.40	+49.70
31	S	空头	198.80	LBOP		
32	B	离场	184.20	T-Stop	+14.70	+64.30
33	S	空头	190.70	S1		
34	B	买入	192.00★	B1	-1.30	+63.00
35	B	空头	189.20	LBOP		

技术交易系统新概念

1977年5月大豆粉　　　　　（趋势调整系统）（续表1）

图号	BOS排序	头寸	价格	买卖信号	盈亏	合计
36	O/S	离场	192.50★	T-Stop	-3.30	+59.70
37	B	空头	190.00★	LBOP		
38	O/S	离场	183.90	T-Stop	+6.10	+65.80
39	O	多头	189.90	HBOP		
40	O	离场	188.80	T-Stop	-1.10	+64.70
41	B	多头	189.00★	B1		
42	S	离场/空头	190.50★	S1	+1.50	+66.20
43	O	离场	191.70	T-Stop	-1.20	+65.00
44	S	空头	182.50★	LBOP		
45	S	离场	182.70	T-Stop	-0.20	+54.80
46	S	空头	188.60	S1		
47	B	离场/多头	193.20	HBOP	-4.60	+60.20
48	O/S	离场	192.30	T-Stop	-0.90	+59.30
49	B	多头	190.60	B1		
50	O	离场	194.10	S1	+3.50	+62.80
51	B	多头	193.30	B1		
52	O	离场	195.50★	S1	+2.20	+65.00
53	O	多头	198.00	HBOP		
54	O	离场	200.00★	T-Stop	+2.00	+67.00
55	S	空头	200.20	S1		
56	S	多头	202.40	HBOP	-2.20	+64.80
57	B/S	离场	197.80	T-Stop	-4.60	+60.20
58	S	空头	199.30	S1		
59	B	离场/多头	198.50	B1	+0.80	+61.00
60	O	离场	200.80	S1	+2.30	+63.30
61	S	空头	200.50	S1		
62	B	离场	204.20★★		-3.70	+59.60
63	S	空头	207.40	S1		
64	B	离场/多头	205.30	B1	+2.10	+61.70
65	O	离场	209.40	S1	+4.10	+65.80
66	S	空头	213.40	S1		
67	B	离场	215.30★★		-1.90	+63.90
68	S	空头	215.50	S1		
69	S	多头	217.70	HBOP	-2.20	+61.70

技术交易系统新概念

1977年5月大豆粉				（趋势调整系统）（续表2）		
图号	BOS排序	头寸	价格	买卖信号	盈亏	合计
70	O	离场	213.30	T-Stop	−4.40	+57.30
71	S	空头	215.00	S1		
72	B	离场/多头	214.00	B1	+1.00	+58.30
73	S	离场/空头	217.30	S1	+3.30	+61.60
74	B	多头	212.30	B1	+5.00	+66.60
75	O	离场	213.00	S1	+0.70	+67.30
76	O	多头	215.90	HBOP		
77	B/O	离场	210.00	T-Stop	−5.90	+61.40
78	S	空头	214.30	S1		
79	B	离场/多头	208.90	B1	+5.40	+66.80
80	S	离场	210.70★★		+1.80	+68.40
81	B	多头	209.10	B1		
82	O	离场	209.60	S1	+0.50	+69.10
83	S	空头	210.80	S1		
84	B	离场	212.40★★		−1.60	+67.50
85	S	空头	214.80	S1		
86	B	离场	213.20★★		+1.60	+69.10
87	B	多头	211.20	B1		
88	O	离场	211.30	S1	+0.10	+69.20
89	O	多头	213.00	HBOP		
90	S	离场	236.30	T-Stop	23.30	+92.50
91	S	空头	234.20	S1		
92	B	多头	234.00	B1	+0.20	+92.70
93	S	空头	238.60	S1	+4.60	+97.30
94	B	多头	237.50	B1	+1.00	+98.30
95	O	离场	238.50	S1	+0.90	+99.20

★开盘价　　★★收盘价

概述：趋势调整系统1977年5月大豆粉

交易情况：36笔盈利（64%）
　　　　　20笔亏损（36%）
　　　　　共计56

盈利：174.70 点盈利
　　　75.50点亏损
　　　总盈利99.20

第八章
摆动指数

一位非常聪明的技术分析师将这个方法推荐给我,他的原话是:

"在开盘价、最高价和最低价以及收盘价的迷宫之间隐藏着一条魔鬼曲线,那才是真正的市场,反映了市场正在进行的真实摆动。"

经过一番研究,我认为如果每个交易日的价格运行性能用固定参数得到确定的衡量,就能让魔鬼线现身。要解决的问题是比较当日的运行以及当日和前日的运行,然后再确定价格运行。

两个交易日的比较点不少于28个,这让问题复杂化了。以下16个点是对两天的比较,下标"1"表示第一个交易日,下标"2"表示第2个交易日。

H_2H_1	H_2L_1	L_2O_1	O_2C_1
L_2L_1	H_2O_1	L_2C_1	C_2H_1
O_2O_1	H_2C_1	O_2H_1	$C2L_1$
C_2C_1	L_2H_1	O_2L_1	$C2O_1$

一个交易日中有6个比较点:

H_1O_1	L_1O_1	H_2O_2	L_2O_2
H_1L_1	L_1C_1	H_2L_2	L_2C_2
H_1C_1	O_1C_1	H_2C_2	O_2C_2

技术交易系统新概念

在开发和测试了无数种方法之后,以下几个因素最具有指示性,而且不受其他因素影响:

对于上涨交易日,最具指示性的正数因素如下:

(1) 当日收盘价高于前日收盘价;
(2) 当日收盘价高于当日开盘价;
(3) 当日最高价高于前日收盘价;
(4) 当日最低价高于前日收盘价;
(5) 前日收盘价高于前日开盘价。

对于下跌交易日,以上因素相同,但数值为负数。

上述因素进行加权,然后与可能的最高价和最低价比较评估,再用绝对值范围进行衡量。

(1) 任何一个交易日的最大值就是从涨停日到涨停;
(2) 任何一个交易日的最低值就是从跌停日到跌停;
(3) 零值是无变化交易日到零变化;
(4) 绝对值范围是+100~-100。

以下为满足上述前提推导出来的公式:

$$SI = 50\{[C_2 - C_1 + 0.5(C_2 - O_2) + 0.25(C_1 - O_1)] \div R\}K \div L$$

讨论该公式的数学计算之前,先看看该公式如何评价两个交易日之正、负因素。假设涨跌限制是3.00。

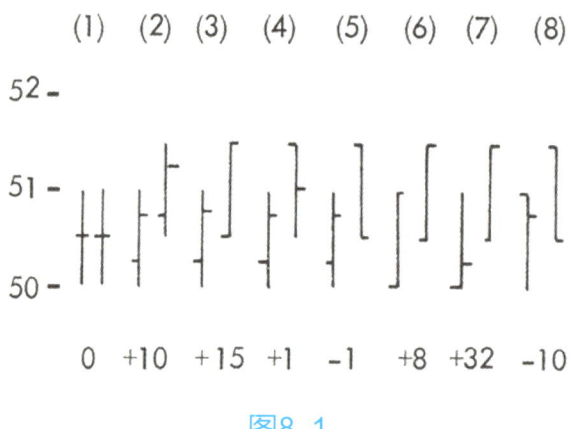

图8.1

打眼一看,图8.1中的数值似乎相互矛盾。每两天的最高价和最低价都是相同的,而这些天的值从−10至+32不等。如果应用前述五个正因素估值规则对每个例子逐一进行评价,那这些值就说得通了。例7中出现了最大的加权正因素,第二日收盘高于前一日的最高价。例(5)和例(8)中,负因素权重大于正因素,第二日收盘价低于前一日。实际上,大多数技术分析师称这两种类型的交易日组合为"关键反转"日,原因在于第2个交易日与第一个交易日相比较,具有下列特征:

(1) 高开;
(2) 创新高;
(3) 低收。

花几分钟时间,根据上述五条正数因素规则分析一下这八种情况。

下面再分析几个例子。假设从前一日收盘价向两个方向的最大运行都是3.00的涨跌幅。

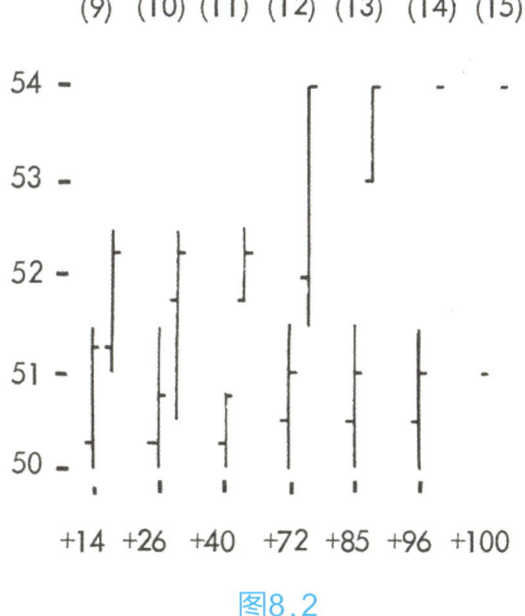

图8.2

例(9)形态与例(2)相同,但因为价格与涨跌幅相比运行相对较大,指标数值高于例(2)。

例(10)由于收盘高于前日,指数值高于例(9)。

例(11)第二天的收盘价与开盘价的位置与例(10)相同,但因为第二个交易日的最低价与第一个交易日收盘价之间有一个向上的跳空缺口(在本计算中,跳空缺口是从L_2至C_1,而不是通常的L_2至H_1),例(11)指数值较高。

例(12)第2个交易日的收盘价涨停,但是指标值为72,不是100。

例(13)第2个交易日的收盘价仍涨停,但是在涨停位置之下仍有交易发生。其较大的跳空缺口表示应具有比例12更坚挺的指标值。

例(14)第2个交易日的价格在涨停锁死,指数值高于例13,因为后者并未锁死。

例(15)出现从一字涨停到一字涨停,两天都没有打开涨停,公式得出最高值100。

现在,对上述公式代表(计算的)的指标值所反映的量度特性有了了解,再看看摆动指标(SI)计算公式的另一个重要特性——摆动状况。

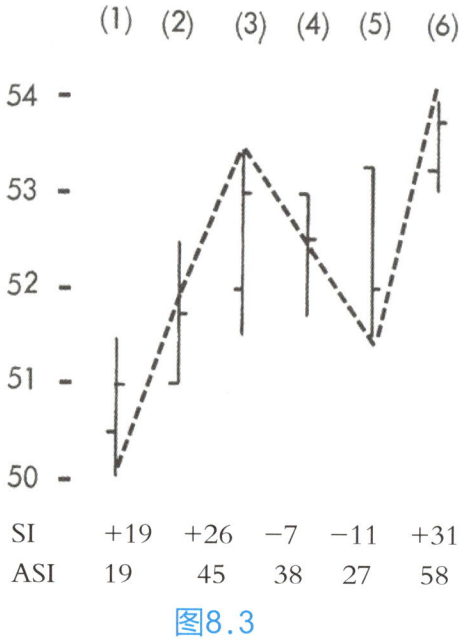

图8.3

技术交易系统新概念

大多数技术分析师会一眼认出图8.3为短期摆动，摆动指数也能反映这一状况，如图8.4所示，做图方法是将每天的摆动指标值求和，依照该数值绘图即可。

累积摆动指标（ASI）是当日摆动指标与前一总值的和或差（用+或−号表示）。

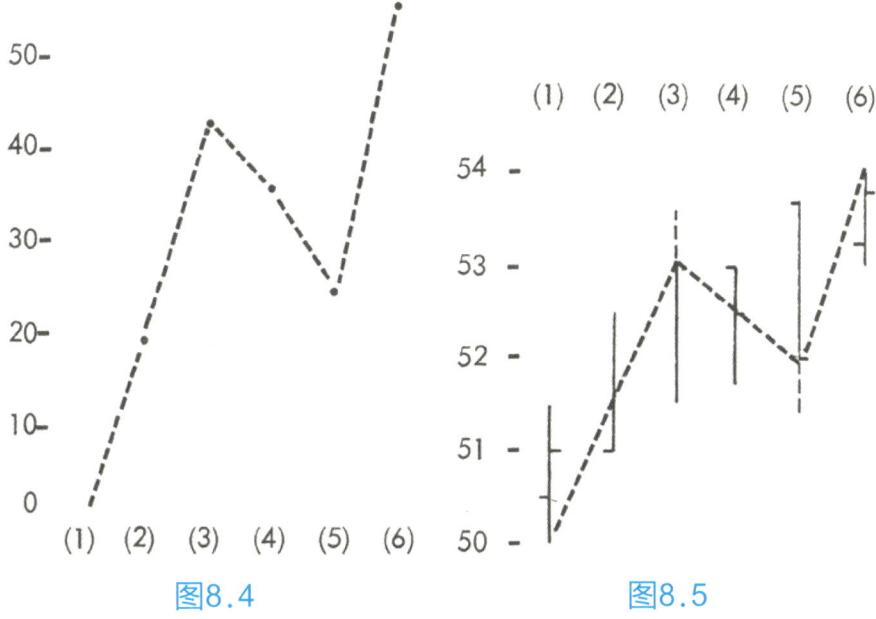

图8.4　　　　　图8.5

在图8.4中，从零开始，将其与第2个交易日的值+19相加，得到第二个交易日的ASI值为+19。第三个交易日的SI值为26，与+19相加，得到第三个交易日的ASI值为+45。第4个交易日之SI值为−7，与45之和为38，即为第4个交易日之ASI值38，以此类推。

再观察图8.5，除了第3个交易日的最高价和第5个交易日的最低价与图8.3不同外，两图几乎完全一致。大多数技术分析时都看不出来这种摆动。然而，通过衡量每个交易日的价格，ASI就能发现这种摆动。

我发现，对于如何正确辨认摆动，只有很少（甚至没有）几种确定性规则获得每位技术分析师的认可，事实上，很可能有多少种不同的摆动确认规则，就有多少种摆动交易

技术交易系统新概念

系统，另外还有艾略特波浪理论的操作者，显然，不用任何原则而通过算数确定短期摆动的公式无疑是一重要概念。

把每天的四个价格代入公式得出每天交易的一位数相对值，还能精确确定所有的短期摆动，用公式计算出该交易日的相关数据，这种能力的确意义深远。想运用自己创造力和天赋的读者，可以用这个概念实践一下，设计出可行的系统。

在解释公式前，我想先向读者介绍公式的价值和结果。原因在于计算公式对于不擅长数学的人而言并不太简单，但公式中涉及的计算却只有加法、减法、乘法和除法。

在SI计算公式中，除了分子中括号里的项外，每项均采用绝对值（ABS），分子是在括号中R之上的所有项。

摆动指标公式（SI）：

$$SI = 50\{[C_2 - C_1 + 0.5(C_2 - O_2) + 0.25(C_1 - O_1)] \div R\} K \div L$$

这里，K为以下两数值中较大者：
(1) $H_2 - C_1$
(2) $L_2 - C_1$

L为涨跌限。

现在求R，首先确定下列三个数值中的最大值：
(1) $H_2 - C_1$
(2) $L_2 - C_1$
(3) $H_2 - L_2$

如果（1）是最大的，则 $R = (H_2 - C_1) - 0.5(L_2 - C_1) + 0.25(C_1 - O_1)$

如果（2）是最大的，则 $R = (H_2 - C_1) - 0.5(H_2 - C_1) + 0.25(C_1 - O_1)$

如果（3）是最大的，则 $R = (H_2 - L_2) + 0.25(C_1 - O_1)$

这里，O_1 = 昨日之开盘价　　O_2 = 今日之开盘价

技术交易系统新概念

H_1＝昨日之最高价　H_2＝今日之最高价
L_1＝昨日之最低价　L_2＝今日之最低价
C_1＝昨日之收盘价　C_2＝今日之收盘价

现在用如下价格进行计算：

	开盘价	最高价	最低价	收盘价
第1天	50.50	52.00	50.00	51.50
第2天	51.80	53.00	51.30	52.80

先来计算分子（N）：
$N = C_2 - C_1 + 0.5 \times (C_2 - O_2) + 0.25 \times (C_1 - O_1)$
（以数字替换）
$N = 52.80 - 51.50 + 0.5 \times (52.80 - 51.80) + 0.25 (51.50 - 50.50)$
$\quad = 1.3 + 0.5 \times (1.00) + 0.25 \times (1.00)$
$\quad = 1.3 + 0.50 + 0.25$
$N = 2.05$

将所得的数字代入SI公式，假设涨跌限（L）是3.00，至此：
$SI = 50 \times (2.05/R) \times (K/3.00)$
K＝以下较大者：
$H_2 - C_1$：代入数字　$53.00 - 51.50 = 1.50$，或
$L_2 - C_1$：代入数字　$51.30 - 51.50 = 0.20$（ABS）
因此K为1.50。
$SI = 50 \times (2.05/R) \times (1.50/3.00)$

计算R，就先要找到如下最大者：
（1）$H_2 - C_1$：代入数字 $53.00 - 51.50 = 1.50$
（2）$L_2 - C_1$：代入数字 $|51.30 - 51.50| = 0.20$（ABS）
（3）$H_2 - L_2$：代入数字 $53.00 - 51.30 = 1.70$
其中（3）最大，代入R(3)公式求R。
$R = H_2 - L_2 + 0.25 \times (C_1 - O_1)$
$R = 53.00 - 51.30 + 0.25 \times (51.50 - 50.50)$

R＝1.70＋0.25×(1.00)

R＝1.70＋0.25

R＝1.95

现在已经计算出来SI公式中的所有项

SI＝50×(N/R)×(K/L)

SI＝50×(2.05/1.90)×(1.50/3.00)

先计算两个括号里的数

SI＝50×1.05×0.50

再将三个数相乘

SI＝26.25

四舍五入得出整数：SI＝26

还有一些简便方法，例如在计算K时，就能用相同的值结合H_2-L_2来确定要用到R的哪个公式，而且R公式里0.25(C_1-O_1)在分子里面，已经是已知的。

现在来用这些简便方法计算下跌日的SI。

	开盘价	最高价	最低价	收盘价
第1天	53.50	54.00	52.00	52.50
第2天	52.00	52.00	51.00	51.00

先计算分子（N）：

$N＝C_2-C_1+0.5×(C_2-O_2)+0.25×(C_1-O_1)$

代入数字：51.00－52.50＋0.5×(51.00－52.00)＋0.25×(52.50－53.50)

＝－1.50＋0.5×(－1.00)＋0.25×(－1.00)

＝－1.50－0.5－0.25

N＝－2.25

注意51.00－52.50得－1.50。另外，正数乘以负数得负数。

例如＋0.50×－1.00＝－0.50

至此，SI计算公式为：

SI＝50×(N/R)×(K/L)

SI＝50×(－2.25/R)×(K/3.00)

公式中只有分子不用绝对值。（从前面几章可知，负（一）数减去正（＋）数的绝对值是两数之差带上值较大数的符号。）

K是以下数中最大者：

$H_2 - C_1$：代入数字 $|52.00 - 52.50| = 0.50$（ABS）

$L_2 - C_1$：代入数字 $|51.00 - 52.50| = 1.50$（ABS）

K＝1.50（最大的绝对值）

确定用哪个R公式要先确定以下的最大值：

（1）$H_2 - C_1$：由上而知＝0.50

（2）$L_2 - C_1$：由上而知＝1.50

（3）$H_2 - L_2$：代入数字 $52.00 - 51.00 = 1.00$

最大的值是（2），因此用R（2）计算R。

$R = (H_2 - C_1) - 0.5(H_2 - C_1) + 0.25(C_1 - O_1)$

在计算分子时，得知 $0.25(C_1 - O_1)$ 是 -0.25，因此绝对值是0.25。

$R = |51.00 - 52.50| - 0.5 \times |52.00 - 52.50| + 0.25$

$R = 1.50 - 0.5 \times |-0.50| + 0.25$

$R = 1.50 - 0.25 + 0.25$

$R = 1.50$

因此：

$SI = 50 \times [(-2.25)/1.50] \times [1.50/3.00]$

$SI = 50 \times |-1.50| \times 0.50$

$SI = -37.50$

注意SI前面的符号（－或＋）是有分子决定的。如果分子是－号，那么指数就是负数；如果分子是＋号，那么指数就是正数。

为照顾那些认为算术公式有点枯燥的人，我们来看看配备了清晰操作指南的计算表，具体操作一下公式。计算表的标题表明了何时用绝对值ABS（何时去掉负号）、何时用＋或－值（保留负号）。如下是为计算计算表上第2天的值。

用绝对值

将 $H_2 - C_1$ 填入第1列　　　$44.00 - 41.50 = 2.50$

将 $L_2 - C_1$ 填入第2列　　　$42.00 - 41.50 = 0.50$

将 $H_2 - L_2$ 填入第3列　　　$44.00 - 42.00 = 2.00$

将 $C_1 - O_1$ 填入第4列　　　$41.50 - 40.50 = 1.00$

不用+/−值

将 $C_2 - C_1$ 填入第5列　　　$43.00 - 41.50 = 1.50$

将 $C_2 - O_2$ 填入第6列　　　$43.00 - 42.00 = 1.00$

将 $C_1 - O_1$ 填入第7列　　　$41.50 - 40.50 = 1.00$

$N = $ 第5列 $+ 1/2$（第6列）$+ 1/4$（第7列）

　　$= 1.50 + 1/2 (1.00) + 1/4 (1.00)$

　　$= 1.50 + 0.50 + 0.25$

$N = 2.25$

将N填入第8列。

找到第1列和第2列中的最大数。

将其填入第9列（2.50）。

确定第1列、第2列和第3列中的最大数。

如果是第1列数最大，$R = $ 第1列 $- 1/2$（第2列）$+ 1/4$（第4列）

如果是第2列数最大，$R = $ 第2列 $- 1/2$（第1列）$+ 1/4$（第4列）

如果是第3列数最大，$R = $ 第3列 $+ 1/4$（第4列）

既然第1列中的数最大，就代入R（1）公式。

$R = 2.50 - 1/2 (0.50) + 1/4 (1.00)$

$R = 2.50 - 0.25 + 0.25$

$R = 2.50$

将R填入第10列（2.50）。

将涨跌限填入第11列（3.00）。

$SI = 50 \times$ 第8列/第10列 $\times$ 第9列/第11列

　　$= 50 \times 2.25/2.50 \times 2.50/3.00$

$$= 50 \times (0.90) \times (0.83)$$
$$= 50 \times 0.90 \times 0.83$$
$$= 37.35$$

四舍五入到整数：

SI＝37

再来看如下计算表中下跌日的计算步骤。第二日（当日）是计算表中的第3天，第一日（前日）是计算表中的第2天。

用绝对值

将H_2-C_1填入第1列　　　　$43.50-43.00=0.50$

将L_2-C_1填入第2列　　　　$|41.50-43.00|=1.50$（ABS）

将H_2-L_2填入第3列　　　　$43.50-41.50=2.00$

将C_1-O_1填入第4列　　　　$43.00-42.00=1.00$

不用+/−值

将C_2-C_1填入第5列　　　　$42.00-43.00=-1.00$

将C_2-O_2填入第6列　　　　$42.00-42.80=-0.80$

将C_1-O_1填入第7列　　　　$43.00-42.00=1.00$

$$N = 第5列 + 1/2（第6列）+ 1/4（第7列）$$
$$= -1.00 + 1/2（-0.80）+ 1/4（1.00）$$
$$= -1.00 + -0.40 + 0.25$$

N＝−1.15

将N填入第8列（−1.15）。

找到第1列和第2列中的最大数（1.50）。

将K填入第9列（1.50）。

由于第3列是前三列数中最大的，所以用R（3）公式。

$$R = 第3列 + 1/4（第4列）$$
$$= 2.00 + 1/4（1.00）$$
$$= 2.00 + 0.25$$
$$= 2.25$$

将R填入第10列（2.25）。

将涨跌幅填入第11列（本例中为3.00）

技术交易系统新概念

SI＝50×〔第8列／第10列〕×〔第9列／第11列〕
　　＝50×〔(−1.15)／2.25〕×〔1.50／3.00〕
　　＝50×〔(−0.51)×0.50〕
　　＝−12.75
　　＝−13（四舍五入到最近整数）

ASI值是累计摆动指数，为每个交易日的SI值之代数和，符号（＋或−）由最新的SI确定，因此可正可负。如果长期趋势上涨，ASI值就是正数；如果长期趋势下跌，ASI值就是负数；如果长期趋势呈无方向运行，ASI可能就会在正、负数之间波动。

在计算表的示例中，ASI与SI在第一天相同，都是37，第二天SI为−13，与第一个ASI相加就是第二天的ASI，即24，以此类推。

计算表的顶部是计算SI和ASI的简单操作指南，仅用每一栏的标题以及当日的开盘价、最高价、最低价和收盘价就能计算。这样使用计算表，即使不懂数学的人在计算每天SI和ASI时都不会有什么问题，就像是"照单下菜"，只要填空、按照指令操作，一切就水到渠成了。

计算表里从第4天到第8天都空着，愿意一试的读者可用公式计算这几天的值，将正确答案填入SI和ASI列。书中的每个系统和指数都自附录中有一张对应的计算表，可进行复制用于平时跟踪市场。

这里稍事休息，考虑一下摆动指数的重要性。摆动指数能够在数量上衡量每天的交易，数值总是位于0～−100或0～＋100之间；其次，摆动指数提供了确切的短期摆动点；最后，摆动指数提供了穿过最高价、最低价和收盘价迷宫的路径，并反映了市场的真实力量和运行方向。不少有效的系统和方法都是根据其中一个或几个作用开发出来的。对于已经擅长操作摆动方法或波段方法的人，可将摆动指数作为额外工具，借助简单计算来寻找短期摆动，而不用花费大量时间确定摆动究竟是不是摆动。摆动指数还可以作为突破指标辅助其他交易方法。当ASI值超过前一显著最高摆动点形成日的ASI值时，就表明会向上突破；当ASI值跌破前一显著最低摆动点形成日的ASI值时，就表明会向下突破。

当摆动指数与条状图在同一个图上表现时，ASI上的趋势线可与条状图上的趋势线相对比。对于熟知如何画趋势线的读者来说，ASI是帮助确认趋势发生突破的有效工具。条状图的趋势线上发出的错误突破信号常常得不到ASL的趋势线确认。ASI指标中收盘价的权重比较大，从而在交易日中间发生的上下波动并会对指标产生不利影响。

我设计的使用ASI指数的系统是一个非常简单的摆动系统，摆动点是指最高摆动点和最低摆动点，由ASI值表示。

摆动指数系统

首先，在市场发生突破时入市交易。例如，当日ASI值超过了前一个最高摆动点形成日的ASI值时，于次日建立多头头寸（图8.6）；如当日ASI值跌破了前一个最低摆动点形成日的ASI值时，于次日建立空头头寸（图8.7）。

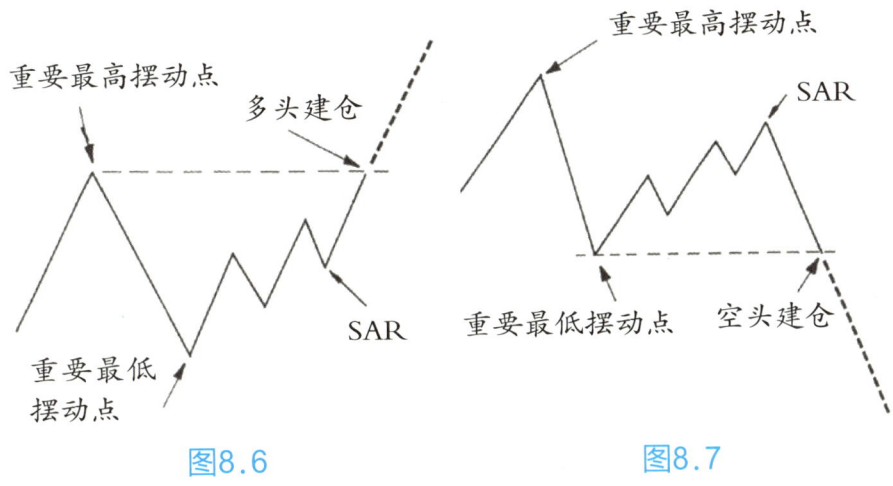

图8.6　　　　　　　　图8.7

技术交易系统新概念

一旦进入市场，就采用前一个摆动点作为指数止损反转点（SAR）。如果是处于多头状态，指数止损反转点就是前一个最低摆动点；如果是处于空头状态，指数止损反转点就是前一个最高摆动点。此外，还使用指数SAR移动止损点。如果处于多头，指数SAR移动止损点在低于ASI极端有利最高点60点处；如果处于空头，移动止损点SAR在高于ASI极端有利最低点60点处。这里移动止损点SAR所使用的60点，是ASI的数值，而不是商品的价格。

例如图8.8，当ASI值超过了前一重要最高摆动点A点的ASI值时，建立多头头寸。这时，指标SAR是点C，因为这一点比60点的移动止损点SAR更接近市场价格的止损点。当D点形成时，指数SAR就变成了D点。

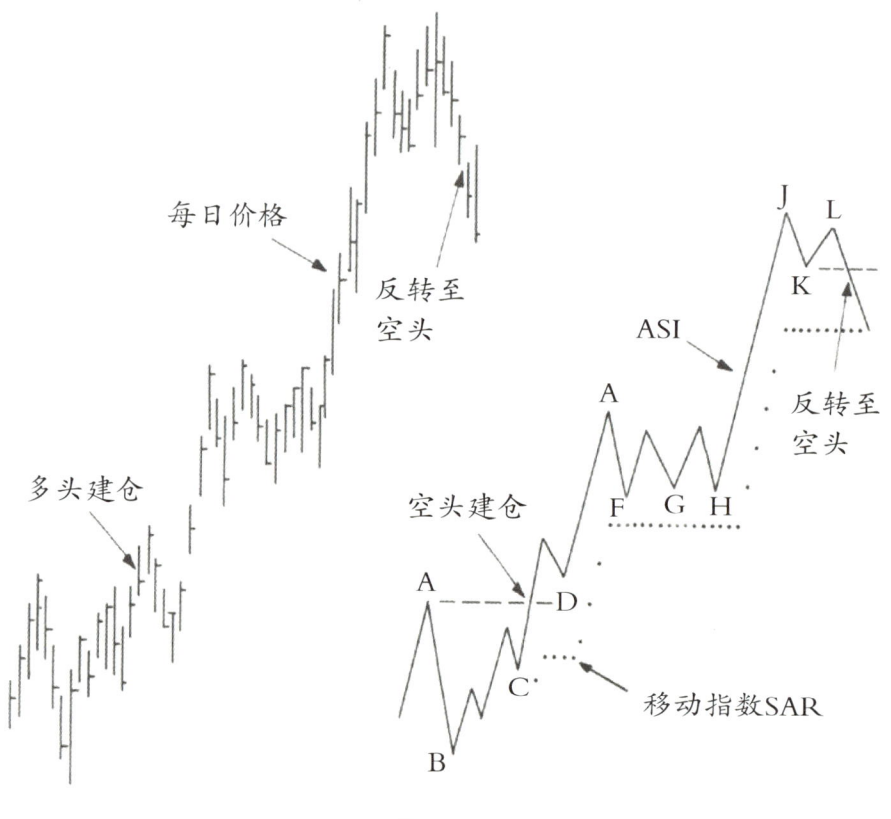

图8.8

技术交易系统新概念

要想在市场萎靡时减少损失，还必须遵守另一项重要规则。如本例中，多头状态下，在新的最高摆动点出现之后，采用随后的第一个最低摆动点作为SAR，直至ASI再次创出新高前，都一直保持这一SAR。再次创出新高之后，随后出现的第一个最低摆动点就是新的SAR。

图8.8中，当ASI在E点创出新高后，第一个最低摆动点F形成。只要F点形成，立即成为新的指数SAR，直至ASI在J点创出新高，并回调至K点。因为移动止损点始终是根据ASI中最有利的位置确定的，所以每创出新高后就做出60点的移动止损点SAR。60点的移动指数SAR始终是止损反转点。

在创出新的最高摆动点后，于K点形成第一个最低摆动点。ASI值随后升至L，形成典型的失败摆动，跌破K点的指数SAR，此处反转为空头。进入空头状态后，指数SAR也就是前一个最高摆动点L，它比60点移动指数SAR更接近市场价格。

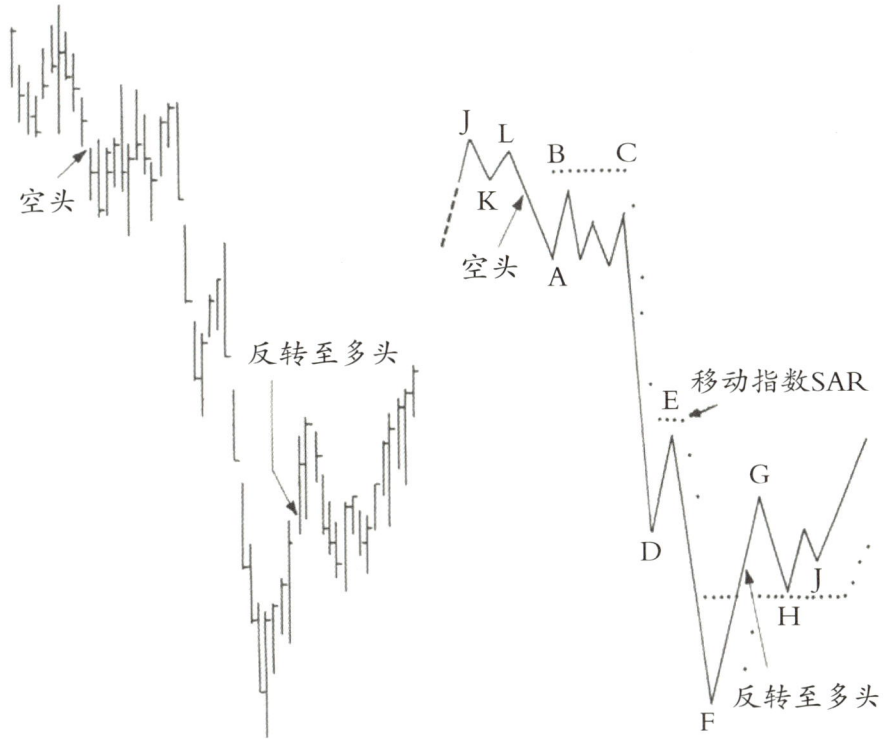

图8.9

技术交易系统新概念

现在来看看图8.9所示空头交易。在A点，ASI创出了新的最低摆动点，随后形成的第一个高位摆动点是B点，也就是SAR点。随后，ASI跌至D点，然后形成第一个最高摆动点E。接着ASI又跌至F点后回调上升。在E点和F点之间没有形成摆动点，60点移动止损点变成最接近的SAR，因此，在移动止损点反转成为多头。

在G点形成了新高之后，第一个最低摆动点H就作为指数SAR，直至ASI再次创出新的最高摆动点，然后形成第一个最低摆动点。在新的最高摆动点形成后，第一个最低摆动点就是指数SAR。

为简化起见，前面已经应用最低摆动点和最高摆动点的概念来解释了这个交易系统。所有的摆动点都根据ASI值进行判断。运用这个系统完成计算表时，最低摆动点缩写为LSP，最高摆动点缩写为HSP，填入该值创出当日摆动指数值旁的SI栏。当然摆动点要到出现后的第二天才能确定。

至此基本介绍了交易系统的概念，还有一个内容留待讨论：摆动指数的HSP、LSP和指数SAR与实际价格的HIP、LOP之间的关系。为了确认在哪个实际的价位进入或退出市场，需要具体明确与HSP、LSP和指数SAR相对应的实际价格。

事实上我们是按照ASI点形成的曲线进行交易。建仓、清仓和反转信号并不直接来自于价格本身，这些信号来自SI公式计算出的摆动指数。

一旦ASI发出信号，就需要将这些信号点转化为价格行动点。

摆动指标中的HSP和LSP与实际价格中的价格做操作点相对应，即HIP和LOP。

HIP是交易日的最高价，且高于其前后两个相邻交易日之最高价。LOP是交易日的最低价，且低于其前后两个相邻交易日之最低价。

通常，HIP和HSP在同一个交易日中出现。在这种情况下，HIP就是SAR，也就是当日的最高价。如果LSP与LOP发生在同一个交易日中，那么，当日最低价LOP就是SAR。

图8.10中，HSP出现在第5个交易日，但HIS出现在第6个交易日。虽然第6个交易日的价格高于第5个交易日，但是第6个交易日的摆动指数为负，原因在于价格高开低收，并且收盘价大大低于前一个交易日之收盘价。如果处于空头状态，很明显，采用第6个交易日的HIP作为SAR，而不是第5个交易日中与HSP相对应的高价。

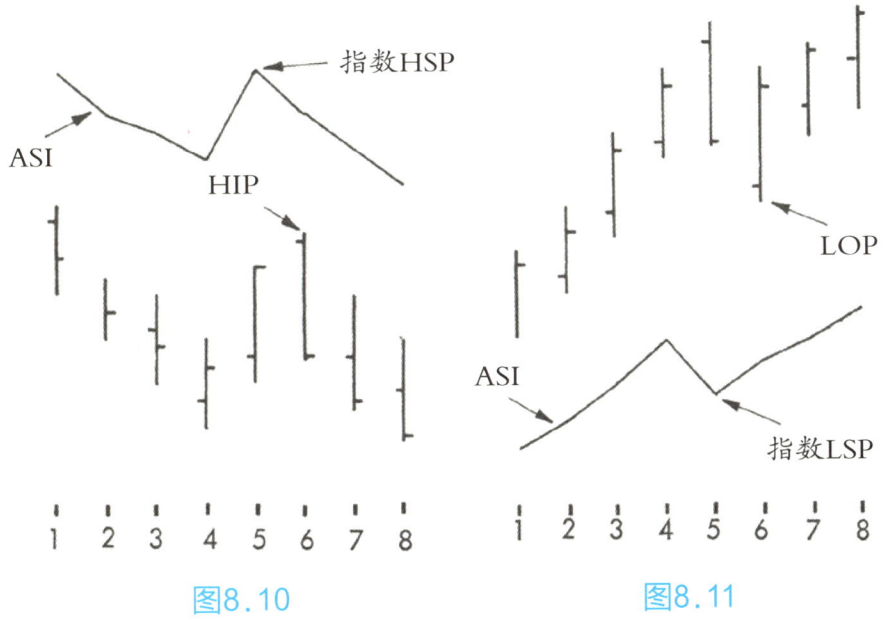

图8.10　　　　　　　　　图8.11

在图8.11中，第6个交易日形成LOP，但是LSP在第5个交易日中出现。HSP和LSP提前HIP和LOP一个交易日出现，这也是常见的情况。

在图8.11中，如果处于多头状态，就采用第6个交易日形成的LOP作为SAR，尽管LSP在第5个交易日中出现。

只要HIP和HSP在同一天出现时，最高价出现后的第二天HIP和HSP都可得到确认。但是，假设在图8.10中处于空头状态，市场在第6个交易日收市后，HSP就已确认，而未

127

技术交易系统新概念

得到HIP的响应。那么，第7个交易日的SAR如何确认呢？答案就是第6个交易日的最高价作为次日的SAR使用，必须认定HSP较HIP提前一个交易日出现。

在图8.11中，如果处于多头状态，基于同样的推理要用到LOP，第6个交易日的最低价就是次日的SAR值。

假设最接近的SAR由60点移动止损指数SAR决定。收盘后计算出ASI值，发现自ASI最高价形成之后，已经逆多头方向运行了−65点，如图8.12所示。接着怎么办？在下一个交易日开市时不进行反转。因为采用在ASI减去60点的方式，就将最低价作为SAR，正如常规所示，以交易日当日最低价为SAR。

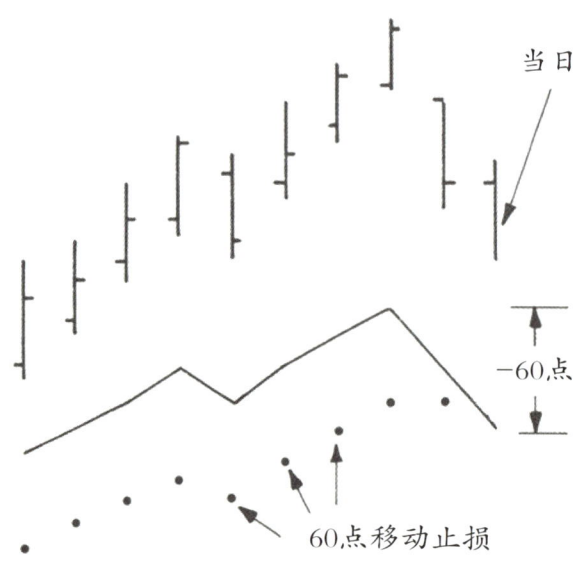

图8.12

在该交易系统应用的过程中，常常会发生这样的情况，在−60点或者更大的反方向运行发生的次日，价格非但不突破前日低价，反而转向创出新高。因此，即使价格很接近委托价，我也会避免在开盘后的五分钟之内下单。在开盘后的五分钟和收盘前的五分钟之内摆动剧大，实施止损指令意义不大。我个人来说，如果我的委托接近价格运行，我也不会在开盘时就被"毙掉"。如果市场运行接近委托，我有时会在收盘前15

分钟左右把一般的"止损"委托改为"仅收盘止损"委托。

下面是摆动指数系统的定义及规则，随后还有计算表示例和说明。

定义

HSP 最高摆动点，是由ASI定义的交易日，该日的ASI值高于相邻的前后两个交易日的ASI值。

LSP 最低摆动点，是由ASI定义的交易日，该日的ASI值低于相邻前后两个交易日的ASI值。

SI 摆动指数，是根据SI公式计算的某交易日的值。

ASI 累计摆动指数，是当日的摆动指数（根据情况）加上或减去前一个交易日的累计摆动指数。

指标SAR 根据ASI确定的摆动点所产生的止损反转点。

SAR 价格上的止损反转点。

移动指标SAR 所持头寸最有利的ASI位置之后60点的ASI值。

摆动指数交易系统的规则

建仓

1.当ASI值高于前一个重要的HSP时，进入多头状态。

2.当ASI值低于前一个重要的LSP时，进入空头状态。

指数止损反转点（SAR）

1.多头状态

（1）在反转成多头之后，前一个LSP立即成为SAR。

（2）此后，当新的HSP形成后，随后的第一个LSP即为SAR。

2.空头状态

（1）在反转成空头之后，前一个HSP立即成为SAR。

（2）此后，当新的LSP形成后，随后的第一个HSP即为SAR。

指数移动止损反转点（SAR）

1.多头状态

最高HSP与ASI值下跌60点以上的交易日收盘价之间的最低价。

2.空头状态

最低LSP与ASI值上涨60点以上的交易日收盘价之间的最高价。

注意：以上规则仅适用于ASI，还必须与文中的价格操作点结合使用。

摆动指数系统——计算表示例

第10天 前一重要HSP值104（第13列）出现在第6天，同一天出现的还有HIP值46.00。在第10天，ASI首次超过104，因此在第11天下单，在46.05（高于46.00一两个基点）买入。建仓时的止损点是43.00，即最低低价，与第7天的前一LSP向呼应。

第14天 SAI创出新高133之后形成第一个LSP。注意，ASI出现LSP的同一天价格也出现LOP。第14天的SAR就是第13天的最低价45.00，价格由此一直上涨到第19天的61.80。

第20天 ASI最高点459后，ASI没有出现LSP直接上涨了60点，因此激活了移动指数SAR。（交易的）最高SAI和第20天收盘价之间的最低低价就是——如往常一样——第20天的最低价，因此在第21天的SAR值56.45处建仓，比最低的低价低一两个基点。

第21天　价格触及SAR值56.45，进行空头交易。新的SAR即前一个HSP，就是第19天的HIP值61.80。

第23天　HSP出现在第22天，但HIP到第23天才出现，因此认定HSP提前HIP一天出现，用第23天的HIP作为SAR。ASI在第21天创出新LSP之后的第一个HSP作为第20天的HSP，现在的SAR就是57.50再加一两个基点。

第27天　ASI在第25天创出新低340，现在确认第一个HSP出现在第26天。第26天和第27天的HIP都是55.00，因此成为新的SAR。

第28天　价格突破SAR，因此在55.05开始买多。新的SAR就是LOP，对应的是第27天出现的前一个LOP，SAR是53.00。

第31天　交易第29天创出新高，HSP达到447，然后第31天出现第一个LSP，应对LSP的SAR就是59.00。

第32天　在58.95买空，对应前一个HSP的SAR是61.50。

第35天　ASI在第33天创出新低257，然后迅速上涨，第34天出现第一个SHP值385，HSP在第35天确认，对应58.50的SAR。

第39天　ASI在第36天创出新低，第一个HSP现在认定为第38天出现的310。

第41天　HSP认定在第40天出现，但之前并未出现ASI新低，SAR依然是55.00。

第42天　296的ASI超过前一HSP值289，只有在ASI打破257之后的第一个上涨即达到310后，我们才采取行动。

第45天　ASI在第43天创出新低254，新低之后的第一个上涨在第45天得到确认，SAR就是第44天的HIP，即52.50。

第46天　在52.55进行多头交易，新的SAR就是LOP值49.00，对应第45天的前一LSP。

本系统在平均反向运行指数评级（ADXR）得分较高的市场操作效果最好，能与本系统配合使用的一个做法，就是

技术交易系统新概念

在连续两笔亏损交易后就停止交易，然后用第一个建仓步骤进行下一笔交易。

下图是利用本系统进行可可粉的一年交易图。

可可粉 （摆动系统）

交易号	日期	头寸	价格	损益	合计
（1976年3月）1	1975.11.21	多头	55.45		
2	1976.1.8	空头	65.98	+10.53	
3	1976.1.26	多头	64.60	+1.38	11.91
4	1976.2.5	空头	69.50	+4.90	16.81
5	1976.2.18	离场	68.52	+0.98	17.79
（1977年9月）6	1976.2.18	多头	61.00		
7	1976.2.25	空头	60.58	−0.42	17.37
8	1976.3.18	多头	60.27	+0.31	17.68
9	1976.4.29	空头	77.90	+17.63	35.36
10	1976.5.5	多头	76.62	+1.28	36.64
11★	1976.5.18	空头	75.80	−0.82	35.82
12★	1976.5.20	多头	80.97	−5.17	30.65
13	1976.6.28	离场	92.98	+12.01	42.66
（1977年3月）14	1976.6.28	空头	80.08		
15	1976.7.1	多头	81.82	−1.02	41.64
16	1976.7.19	空头	81.68	−0.14	41.50
17	1976.7.27	多头	83.50	−1.82	39.68
18	1976.8.2	空头	82.25	−1.25	38.43
19	1976.8.4	多头	86.27	−4.02	34.41
20	1976.8.20	空头	92.43	+6.16	40.57
21	1976.8.23	多头	95.82	−3.39	37.18
22	1976.9.3	空头	102.48	+6.66	43.84
23	1976.9.3	多头	106.07	−3.59	40.25
24	1976.9.16	空头	105.50	−0.57	39.68
25	1976.9.22	多头	105.82	−0.32	39.36
26	1976.10.5	空头	111.93	+6.11	45.47
27	1976.10.8	多头	112.60	−0.67	44.80
28	1976.11.19	离场	137.10	+24.50	69.30

空间不足显示有限。

注意：移动指数SAR在波动市场提供的止损点非常接近市场价格——限制了风险暴露。

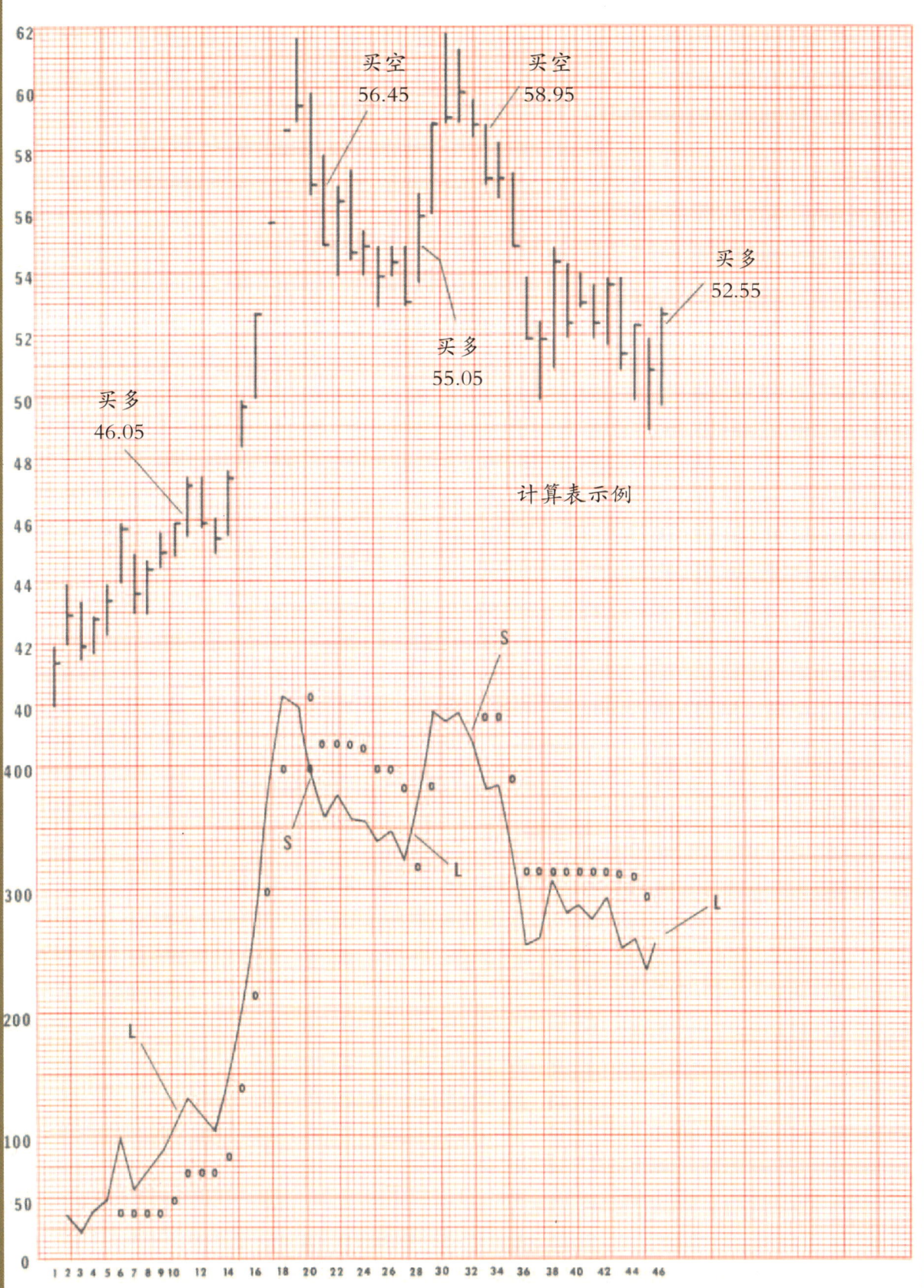

日计算表

摆动指数系统

日期	开盘价	最高价	最低价	收盘价	使用绝对值				使用带–或+的值			
					(1) H_2-C_1	(2) L_2-C_1	(3) H_2-L_2	(4) C_1-O_1	(5) C_2-C_1	(6) C_2-O_2	(7) C_1-O_1	(8) N
1	40.50	42.00	40.00	41.50								
2	42.00	44.00	42.00	43.00	2.50	.50	2.00	1.00	1.50	1.00	1.00	2.25
3	42.80	43.50	41.50	42.00	.50	1.50	2.00	1.00	-1.00	-.80	1.00	-1.15
4	41.70	43.00	41.70	42.90								
5	43.00	44.00	42.30	43.50								
6	44.50	(46.00)	44.00	45.80								
7	44.80	45.00	(43.00)	43.50								
8	43.00	44.80	(43.00)	44.50								
9	44.70	45.70	44.50	45.00	1.20	0	1.20	1.50	.50	.30	1.50	1.03
10	45.00	46.00	44.90	46.00	1.00	.10	1.10	0	1.00	1.00	.30	1.58
11	45.80	47.50	45.50	47.20	1.50	.50	2.00	1.00	1.20	1.40	1.00	2.15
12	47.00	47.50	45.80	46.00	.30	1.40	1.70	1.40	-1.20	-1.00	1.40	-1.35
13	46.20	46.20	(45.00)	45.50	.20	1.00	1.20	1.00	-1.00	-.70	-1.00	-1.10
14	45.80	47.70	45.50	47.50	2.20	0	2.20	.70	2.00	1.70	-.70	2.67
15	48.50	50.00	48.40	49.80	2.50	.90	1.60	1.70	2.30	1.30	1.70	3.38
16	50.00	52.80	50.00	52.80	3.00	.20	2.80	1.30	3.00	2.80	1.30	4.73
17	55.80	55.80	55.80	55.80	3.00	3.00	0	2.80	3.00	0	2.80	3.70
18	58.80	58.80	58.80	58.80	3.00	3.00	0	0	3.00	0	0	3.00
19	61.80	(61.80)	59.00	59.50	3.00	.20	2.80	0	.70	-2.30	0	-.45
20	60.00	60.00	(56.50)	57.00	.50	3.00	3.50	2.30	-2.50	-3.00	-2.30	-4.58
21	57.50	58.00	55.00	55.00	1.00	2.00	3.00	3.00	-2.00	-2.50	-3.00	-4.00
22	54.00	57.00	54.00	56.50	2.00	1.00	3.00	2.50	1.50	2.50	-2.50	2.12
23	57.00	(57.50)	54.70	54.80	1.00	2.00	3.00	2.50	-1.70	-2.20	2.50	-2.17
24	54.50	55.50	54.00	55.00	.70	.80	1.50	2.20	.20	.50	-2.20	-.10
25	54.50	(55.00)	53.00	54.00	0	2.00	2.00	.50	-1.00	-.50	.50	-1.12
26	54.00	55.00	54.00	54.50	1.00	0	1.00	.50	.50	.50	-.50	.62
27	55.00	55.00	(53.00)	53.20	.50	1.50	2.00	.50	-1.30	-1.80	.50	-2.07
28	53.80	56.80	53.80	56.00	3.60	.60	3.00	1.80	2.80	2.20	-1.80	3.45
29	56.50	59.00	56.00	59.00	3.00	0	3.00	2.20	3.00	2.50	2.20	4.80
30	62.00	62.00	(59.00)	59.20	3.00	0	3.00	2.52	.20	2.80	2.52	-.57
31	59.50	(61.50)	59.00	60.00	2.30	.20	2.50	2.80	.80	.50	-2.80	.35
32	59.50	59.80	58.50	59.00	.20	1.50	1.30	.50	-1.00	-.50	.50	-1.12
33	58.50	59.00	57.00	57.20	0	2.00	2.00	.50	-1.80	-1.30	-.50	-2.58
34	57.00	(58.50)	56.00	57.50	1.30	.70	2.00	1.30	.30	.50	-1.30	.22
35	57.00	57.50	55.00	55.00	0	2.50	2.50	.50	-2.50	-2.00	.50	-3.37
36	54.00	54.00	52.00	52.00	1.00	3.00	2.00	2.00	-3.00	-2.00	-2.00	-4.50
37	50.00	52.50	50.00	52.00	.50	2.00	2.50	2.00	0	2.00	-2.00	.50
38	52.00	(55.00)	51.00	54.50	3.00	1.00	4.00	2.00	2.50	2.50	2.00	4.25
39	54.00	54.50	52.00	52.50	0	2.50	2.50	2.50	-2.00	-1.50	2.50	-2.12
40	53.00	54.20	53.00	53.20	1.70	.50	1.20	1.50	.70	.20	-1.50	.42
41	53.50	53.80	52.00	52.50	.60	1.20	1.80	.20	-.70	-1.00	.20	-1.15
42	52.00	54.00	51.80	53.80	1.50	.70	2.20	1.00	1.30	1.80	-1.00	1.95
43	54.00	54.00	51.00	51.50	.20	2.80	3.00	1.80	-2.30	-2.50	1.80	3.10
44	51.00	(52.50)	50.00	52.50	1.00	1.50	2.50	2.50	2.50	1.50	-2.50	1.12
45	52.00	52.00	(49.00)	51.00	.50	3.50	3.00	1.50	-1.50	-1.00	1.50	-1.62
46	51.00	53.00	49.80	52.80	2.00	1.20	3.20	1.00	1.80	1.80	-1.00	2.45
47	52.40	54.20	52.00	54.00	1.40	.80	2.20	1.80	1.20	1.60	1.80	2.45

第8列＝（5）＋1/2（6）+1/4（7）
第9列＝（1）和（2）中的较大者

如果（1）最大，第10列＝（1）－1/2（2）+1/4（4）
如果（2）最大，第10列＝（2）－1/2（1）+1/4（4）
如果（3）最大，第10列＝（3）+1/4（4）
第11列＝涨跌限
第12列＝50×（8）÷（10）×（9）÷（11）

商　　品：＿＿＿＿＿＿

合约月份：＿＿＿＿＿＿

(9) K	(10) R	(11) L	(12) SI	(13) ASI	SAR	操作和委托
2.50	2.50	3.00	37	37		
1.50	2.25	3.00	-13 LSP	24		
			15	39		
			11	50		
			54 HSP	(104)		
			-45 LSP	59		
			15	74		
1.20	1.58		13	87		
1.00	1.18		22	109		
1.50	2.25		24 HSP	133	43.00	1—46.05
1.40	2.05		-16	117		
1.00	1.45		-13 LSP	(104)		
2.20	2.38		41	145	45.00	
2.50	2.48		57	202		
3.00	3.23		73	275		
3.00	2.20		84	359		
3.00	1.50		100 HSP	459		
3.00	2.90		-8	451		
3.00	4.08	-64	-56	395	56.50	翻叶
2.00	3.75		-36 LSP	359	61.80	空头 56.45 + 10.40
2.00	3.63		20 HSP	379		
2.00	3.63		-20	359	57.50	
.80	2.05		-1	358		
2.00	2.13		-18 LSP	340		
1.00	1.13		9 HSP	(349)		
1.50	2.13		-25 LSP	324	55.00	
3.60	3.75		65	379	53.00	多头 55.05 + 1.40 + 11.80
3.00	3.55		68 HSP	447		
3.00	3.63		-8 LSP	439		
2.30	3.20		4 HSP	(443)	59.00	
1.50	1.53		-19	424	61.50	空头 58.95 + 3.90 + 15.70
2.00	2.13		-4 LSP	383		
1.30	2.33		2 HSP	(385)		
2.50	2.63		-53	332	58.50	
3.00	3.00		-75 LSP	257		
2.00	3.00		6	263		
3.00	4.50		47 HSP	(310)		
2.50	3.13		-28 LSP	282	55.00	
1.70	1.83		7 HSP	(289)		
1.20	1.85		-13 LSP	276		
1.50	2.45		20 HSP	296		
2.80	3.45		-42 LSP	254		
1.50	3.13		9 HSP	(263)		
3.50	3.62		-27 LSP	236	52.50	
2.00	3.45		24	260	49.00	
1.40	2.65		22	282		多头 52.55 + 6.40 + 22.10

第九章
商品选择指标

第三章介绍了如何衡量哪种商品或股票最具有波动性。

第四章介绍了如何针对方向运行来衡量相一对象。

波动性也是反映价格运动的一个指标。但矛盾之处在于，波动性始终伴随着价格运动，而价格运动并不一定就有波动性。期货价格上涨有可能非常缓慢，而且平均方向指数得分（ADXR）很高，但是波动指数却依然很低。

鉴于此，趋势跟踪交易系统的最重要指数就是ADXR，但大多部分的赢利通常是在股票或商品价格波动性极强的短时间内获得的。如果不喜欢在波动市场上冒风险，就应该根据ADXR指数，交易分值较高的商品，既满足了个人偏好，也不让口袋为难。

对于资金充裕又寻求最佳综合交易条件的人，商品选择指标（CSI）就派上用场了，其考虑以下四个因素：

（1）动向运动

（2）波动性

（3）保证金

（4）佣金

以上四个因素按照上述顺序分别加权计算，得出如下商品选择指数公式：

$CSI = ADXR \times ATR_{14}[V/\sqrt{M} \times 1/(150+C)]100$

其中：ADXR：平均动向指数等级。

ATR_{14}：14日的平均真实幅度。

V：每运动1美分的价值（即以货币计量的ATR_{14}的基本增幅）。

M：保证金的金额。

$\sqrt{M}$：M的平方根。

C：佣金金额。

注意：1/(150＋C)的计算结果应精算至小数点后四位。

下面来举例说明，假设两个商品的各项值如下

	ADXR	ATR$_{14}$	M	C	V
大豆	50	15分	3000美元	45美元	50美元
猪腩	37	1.7分	1500美元	60美元	360美元

代入大豆的数字：

CSI＝50×15.00 [50/$\sqrt{3000}$×1/(150＋45)] 100

　　＝50×15.00 [50/54.77×1/195] 100

　　＝50×15.00×0.91×0.0051×100

　　＝348（大豆）

代入猪腩的数字：

CSI＝37×1.70 [360/$\sqrt{1500}$×1/(150＋60)] 100

　　＝37×1.70 [360/38.73×1/210] 100

　　＝37×1.70×9.30×0.0048×100

　　＝280（猪腩）

因此，大豆的得分较高。

现在再来分析CSI公式，看看如何简化计算：

只要保证金和佣金不变，方括号中的数值都不变，100也不变。

因此用K来代表这个常数，公式就可改写成为：

CSI＝ADXR×ATR$_{14}$×K

对于每个期货品种，只要一次性计算出K值，然后在每个交易日，用K值与ADXR和ATR14相乘，得到当日之CSI值。当保证金或佣金变化后，只需要重新计算K值即可。

前面的大豆计算就成为：

CSI ＝50×15.00 [50/$\sqrt{3000}$×1/(150＋45)] 100

$$K = [50/\sqrt{3000} \times 1/(150+45)]\ 100$$
$$= 0.91 \times 0.0051 \times 100$$
$$= 0.4641$$

因此，$CSI = ADXR \times ATR_{14} \times K$
$$= 50 \times 15 \times 0.4641$$
$$= 348$$

猪腩计算则为：

$$K = [360/38.73 \times 1/210]\ 100$$
$$= 9.30 \times 0.0048 \times 100$$
$$= 4.464$$

因此，$CSI = ADXR \times ATR_{14} \times K$
$$= 37 \times 1.70 \times 4.464$$
$$= 280$$

方向运行指数计算表的最后三列是ADXR、ATR14和CSI。三列上面是为K留的地方，每天计算CSI都要用到K，已经为定向运行指数计算表计算出来了。

ADXR是由最新的ADX加上14天前ADX之和再除以2，在方向运行一章介绍过。

ATR_{14}是ATR一栏的数字除以14。

要得到CSI的值，仅需$ADXR \times ATR_{14} \times K$，然后将其值填入CSI列。

现在来看一个极端示例。假设咖啡的ADXR最高价是70，波动指数显示其平均真实幅度（ATR_{14}）是3.75美分。

每一分的运行相对于375美元而言，每日的平均美元运行是$3.75 \times 375 = \$1406.25$，现在看起来还不错，但如果保证金是每笔合约9000美元、佣金是85.00美元，那咖啡比上例中的大豆如何呢？计算公式中的各项分别为：

	ADXR	ATR_{14}	M	C	V
大豆	50	15分	3000美元	45美元	50美元
咖啡	70	3.75分	9000美元	85美元	375美元

咖啡的计算为：

CSI＝70×3.75 [375/$\sqrt{9000}$×1/(150＋85)] 100

　　＝70×3.75 [375/94.87×1/235] 100

　　＝70×3.75× 3.95×0.0043× 100

　　＝318（咖啡）

大豆的CSI是348，因而大豆的整体交易较好。现在来分析一下大豆的情况。

平均真实幅度（ATR_{14}）是15美分×50.00＝750美元，即每天的平均价格运行，仅相当于咖啡的一半左右，此外，大豆的方向运行也低于咖啡。

为了了解CSI公式的作用，再来做两个大致推测（假设我们同时交易咖啡和大豆）：

咖啡的ADXR为70，即咖啡运行指数为70%，同理得出大豆的运行指数为50%；

假设我们两笔交易都进行了10天，因此资金锁定期一致。

咖啡交易情况如下：

10天中每天$1406.25×70%＝$9843.75

　　　　　减去佣金85.00

　　　　　利润$9,758.75

大豆交易情况如下：

10天中每天$750×70%＝$3750.00

　　　　　减去佣金45.00

　　　　　利润$3705.00

但由于保证金金额不同，做三笔大豆交易只能做一笔咖啡交易，因此，3×$3705＝$11115。

大豆的利润为$11115.00

咖啡的利润为$9758.75

大豆的商品选择指数为348

咖啡的商品选择指数为318

　　　　　　　　30÷318＝9%

技术交易系统新概念

ADXR表明,大豆交易比咖啡好9%,实际上,本例中大豆收益比咖啡收益高13.9%。

$$\$11115.00$$
$$-9758.75$$
$$\$1356.25 \div 975875 = 13.9\%$$

我认为,我们面对的不是精确的科学。佣金不固定,其也无法与波动或方向运行或其他任何变量保持固定关系。但保证金、波动和方向运行相互之间却有正比关系,虽然不是固定关系。SCI公式不断分析所有这些因素,能显示出最有利的条件。

保证金原则上滞后于市场行为,上涨和下跌都满。商品选择指数也能够让交易人利用这种滞后来获得最佳的投资回报。

大多数的技术分析交易系统都是趋势跟踪系统,但大多数商品仅在30%的情况下有良好的趋势形态(发向运行强烈)。如果交易人一直交易相同的商品或股票,那么其交易系统只能在30%的时间里赚大钱,而在70%的时间都在退款。相比之下,仅交易CSI分值前五六名的商品来看看。这就是本书的潜在目的……主旨所在。

第十章
资金管理

本书认为,一个完善的技术交易方案应包括以下三个方面:

(1) 有效的技术交易系统;
(2) 在合适的市场和合适的时间应用技术交易系统;
(3) 周密的资金管理技术。

其中,第三点是最重要的,也是学起来最容易、用起来最困难的。

其困难在于,大多数人总有时候会把蛋全部放在一个篮子里,如果时机合适,就赚得盆满钵满。当这种情况发生时,其结果往往是两面的:一方面助推自大情绪和自信心,认为至少还能再干这么一单;另一方面,因为利润来得如此之快,就不当成几年的血汗钱那么珍视。

我认识一位非常聪明的商人,起家时只有一匹马和一个小磨坊,自己只受过小学四年教育。多年后,他成了百万富翁,做土地和木材生意。他说过一句我永远都不会忘记:"年轻人,当你真正轻而易举赚了一大笔时,你要学会习惯于拥有这笔财富,半年内不要动用它,那时,你就会习惯于拥有它,就会谨慎地运用它。"

这位商人学会了我们许多人永远都不明白的道理。

我的资金管理原则两句话就能总结:

(1) 任何一种期货,其保证金不要超过总资金的15%;
(2) 任何时候,保证金不要超过总资金的60%。

以上都是最高值。我偏好交易CSI值排名前六名的品种,且每种商品的保证金不超过总资金的10%,我对自己的交易

技术交易系统新概念

和管理的交易都遵守这一标准。

还有一个概念留给你考虑，概念不是新的，由来已久——追溯到腓尼基人与罗马人做生意，希腊哲学家们囤积橄榄油时。内容是这样的……

用以弥补损失的赢利与损失成几何级数增长。例如，如果资金损失15%，下次就要赢利17.6%才能达到盈亏平衡；如果损失30%，则要获利42.9%方能平衡；如果损失了50%的资金，只有下次获利100%才能平衡。

下面的图表对此做了说明，我在办公室附近的墙上贴上了这个表，以提醒自己资金管理的重要性。

建仓资金损失比（%）	弥补亏损的盈利比（%）
5	5.3
10	11.1
15	17.6
20	25.0
25	33.3
30	42.9
35	53.8
40	66.7
45	81.8
50	100.0
55	122.0
60	150.0
65	196.0
70	233.0
75	300.0
80	400.0
85	567.0
90	900.0

结论

我在本书的一开始就讲过,还未发现有哪一种技术交易系统能在所有的市场中一直无往不利。趋势跟踪交易系统能在方向确定的市场中不断获利,但是在无方向的市场中就会不断失利。因此,解决办法是想办法确定方向性运行,并将其表示为用已知参数表示的衡量值。

动向指数(ADXR)就是我的解决之道。ADXR可能不是最佳方案,也不是最终的结果,但我认为,的确是第一个真正确实的答案。

我过去有几次在完善和测试一种系统后,认为找到了"终极"方法,就不会再研究了。但我就会像今天一样,在凌晨3点醒过来,脑子里又有了一个要探索的新想法。看来这将是一个永无止境的研究了。

如果这种一大早的重新发现继续下去,或许有一天会有《技术交易系统新概念(二)》。

祝大家好运,交易取得好受益。

附录
用语和缩略语词汇表

ABS	绝对值
ADX	平均方向运行指数
ADXR	平均方向运行指数等级
AF	加速因素
ARC	平均幅度乘以常数
ATR	平均真实幅度
B1	建仓点
C	收盘价
CSI	商品选择指数
DIFF	两个价格之差
$+DI_1$	某日的上涨方向指标
$-DI_1$	某日的下跌方向指标
$+DI_{14}$	14个交易日里+DI1的和
$-DI_{14}$	14个交易日里-DI1的和
$+DM_1$	某日的上涨方向运行
$-DM_1$	某日的下跌方向运行
$+DM_{14}$	14个交易日里+DM1的和
$-DM_{14}$	14个交易日里-DM1的和
DX	发行运行指数
EP	涨跌限价格
H	最高价
HBOP	最高突破点
HIP	最高点
HI SIP	重要高点

技术交易系统新概念

HSP	最高摆动点
K	常数
L	最低价
LBOP	最低突破点
LOP	最低点
LO SIP	重要低点
LSP	最低摆动点
MF	动向因素
O	开盘价
RS	相对强弱
RSI	相对强弱指数
S_1	清仓点
SAR	止损反转点
SI	摆动指数
SIC	重要收盘价
SIP	重要点
TBP	趋势平衡点
TR_1	当日真实幅度
TR_{14}	14个交易日内的TR1之和。
VI	摆动指数
$\bar{X}$	某日最高价、最低价和收盘价的平均数

日计算表

抛物线式时间/价格系统

日期	开盘价	最高价	最低价	收盘价	(1) SAR	(2) EP	(3) EP ± SAR	(4) AF	(5) AF × 差异数

商　　品：_____　　　合约月份：_____

入场价	离场价	盈亏	操作和指令

日计算表

商品：＿＿＿＿＿＿＿＿　　波动交易系统　　合约月份：＿＿＿＿＿＿＿＿

日期	开盘价	最高价	最低价	收盘价	RT$_1$	ATR	ARC	SAR	操作和订单

日计算表

商品：_____　　　　相对强弱指数　　　　合约月份：_____

日计算表
方向运行指数

(1) 日期	(2) 开盘价	(3) 最高价	(4) 最低价	(5) 收盘价	(6) TR_1	(7) R_1	(8) $+DM_1$	(9) TR_{14}	(10) $+DM_{14}$	(11) $-DM_{14}$	(12) $+DI_{14}$ $(10)\div(9)$	(13) $-DI_{14}$ $(11)\div(9)$

商品：＿＿＿＿＿＿　　　合约月份：＿＿＿＿＿＿

K：＿＿＿＿＿＿

(12)−(13) （14） DI差	(12)+(13) （15） DI和	(14)÷(15) （16） DX	（17） ADX	操作和订单	ADXR	ATR$_{14}$	CSI

日计算表

趋势平衡点系统

日期	开盘价	最高价	最低价	收盘价	MF	TR	$\bar{X}$	TBP	$\bar{X}$–TR LG 止损点

商品：＿＿＿＿＿＿　　　合约月份：＿＿＿＿＿＿

$2\bar{X}-L$	$\bar{X}+TR$	$2\bar{X}-H$			
LG目标价	ST止损点	ST目标价	建仓	退出	操作和订单

日计算表

趋势调整系统

日期	开盘价	最高价	最低价	收盘价	$\overline{X}$	$2\overline{X}-H$ B_1	$2\overline{X}-L$ S_1	$2\overline{X}-2L+H$ HBOP	$2\overline{X}-2H+L$ LBOP

商品：＿＿＿＿＿＿　　合约月份：＿＿＿＿＿＿

建仓	退出	盈亏	操作和下单

日计算表
摆动指数系统

日期	开盘价	最高价	最低价	收盘价	(1) H_2-C_1	(2) L_2-C_1	(3) H_2-L_2	(4) C_1-O_1	(5) C_2-C_1	(6) C_2-O_2	(7) C_1-O_1	(8) H

使用绝对值: 列(1)-(4)
使用带−或+的值: 列(5)-(7)

第8列＝（5）＋1/2（6）＋1/4（7）
第9列＝（1）和（2）中的较大者

如果（1）最大，第10列＝（1）－1/2（2）＋1/4（4）
如果（2）最大，第10列＝（2）－1/2（1）＋1/4（4）
如果（3）最大，第10列＝（3）　　　　＋1/4（4）
第11列＝涨跌限
第12列＝50×（8）÷（10）×（9）÷（11）

商　　品：＿＿＿＿＿＿＿＿

合约月份：＿＿＿＿＿＿＿＿

(9) K	(10) R	(11) L	(12) SI	(13) ASI	ASR	操作和委托

延伸阅读

1.《亚当理论》
作者：威尔斯·威尔德
译者：包文兵

● 网络疯传15年的华尔街的神秘理论"投资网络手抄本"首次公开出版

● 美国三角洲协会权威授权《亚当理论》全译中文版首次发行

● RSI发明人，技术泰斗奇遇投资大隐后彻悟赚钱真谛的投资经典

● 一本无需技术指标分析的技术分析大师名著

亚当理论是一个完整又简单的交易方法，在网络上，任何提及亚当理论的网页都没有将这种方法公布出来，考虑到现在已经进入信息化时代，那么这是非常有趣的现象。可能所有读者都明白，这个方法"说不得"。说出来就难免会破坏这种方法的启发性，那样就会让这个理论失去"点醒"的意味，这也是这本书最珍贵的地方。

你的行情器里必须有他发明的指标——威尔斯？威尔德是技术分析大师，举世公认。他以交易为生，通过交易赚取了巨额财富，他在他的家乡拥有大片地产——事实摆在眼前。

他是一个狂热的技术分析者。他经常半夜起床，把自己在睡梦中的想法写成计算机程序，然后再回到睡梦中思考技术分析。但是，亚当理论不包含任何数字和指标。

延伸阅读

2.《三角洲理论：隐藏于市场中的秩序》
作者：威尔斯·威尔德
译者：高海嵘

威尔斯·威尔德是现代技术分析大师，计算机化技术分析的鼻祖。威尔斯·威尔德在1978年发表划时代的《技术分析新观念》，掀起了全球交易界客观分析新浪潮，奠定了计量交易领域的先驱地位。威尔斯·威尔德被公认为交易界天才级的"发明家"，他为交易界奉献了相对强弱指标RSI、动向指标DMI、平均趋向指标ADX、平均真实波动幅度ATR、抛物线指标SAR等经典技术分析指标，这些指标已经成为今天全球所有交易系统的标配。

1984年威尔斯·威尔德不惜一掷百万美元向吉姆·斯罗曼（Jim Sloman）购入三角洲理论而成为后世话题，往后二十多年中，采用三角洲理论累计为他带来两千万美元赢利。

本书的英文书名是The Delta Phenomenon，最直接的译法是"门现象"，因为Delta来自拉丁文，原意是"一扇门"，而最考究的译法是"Delta现象"，因为保留拉丁原文更准确，但编辑最终决定书名采用最通俗的叫法"三角洲理论"，因为这个叫法口儿相传，四海闻名。